Gotische Backsteinkirchen in Mecklenburg Vorpommern

Text und Aufnahmen von
Matthias Barth

Gotische Backsteinkirchen in Mecklenburg-Vorpommern

E. A. Seemann Leipzig

Foto Einband:
Chor der Nikolaikirche in Wismar

Die Deutsche Bibliothek – CIP-Einheitsaufnahme
Barth, Matthias:
Gotische Backsteinkirchen in Mecklenburg-Vorpommern/
Text und Aufnahmen von Matthias Barth. –
1. Aufl. – Leipzig: Seemann, 1993
ISBN 3-363-00584-9
NE: HST

© by E.A.Seemann Kunstverlagsgesellschaft mbH,
Leipzig 1993
1. Auflage 1993
Printed in Germany
Einbandgestaltung: Dietmar Kunz, Leipzig
Typografie: Bernhard Dietze, Leipzig
Grundrisse und Karte: Inge Brüx. Leipzig
Aufnahme S. 11: Peter Garbe, Berlin
Gesamtherstellung: Verlag und Druckerei Fortschritt
Erfurt GmbH

Backsteingotik in Mecklenburg Vorpommern

»Das Land, von dessen Kunst die Bilder dieses Buches reden, zählt nicht zu den Gebieten, die ihrer Kunstschätze wegen aufgesucht zu werden pflegen und dem Forscher und Kunstfreund altvertrautes Revier sind.« Dieser 1926 von dem Kunsthistoriker Werner Burmeister in seinem Buch über die Kunstschätze Mecklenburgs niedergeschriebene Satz kann mehr als ein halbes Jahrhundert später – vielleicht weniger pointiert – auch den vorliegenden Bildband einleiten. Hat sich doch bis in unsere Tage wenig daran geändert, daß die drei ehemaligen nördlichen Bezirke der vergangenen DDR – seit dem 3. Oktober 1990 in dem Bundesland Mecklenburg-Vorpommern zusammengefaßt – ihre Bekanntheit eher den Küstenbadeorten und Seehäfen als dem besonderen Ruf der hier lokalisierten Kunstschätze verdanken.

Dem herben Reiz dieser Kulturlandschaft mit ihren großen Kirchenbauten, die das Bild der Städte und des flachen Landes prägen, konnte sich der Photograph und Autor nicht entziehen. Das Ergebnis waren Aufnahmen, die dem Purismus und der Monumentalität jener Architektur nachgehen, begleitet von einem Text ohne subjektive Schnörkel, der sich dennoch nicht als Fachtext verstanden wissen will.

In der Besiedlung und Urbanisierung Mecklenburgs und Pommerns und in dem bedeutsamsten Städtebund des Mittelalters, der Hanse, finden sich gemeinsame geschichtliche Wurzeln, aus denen eine Identität dieser Kulturlandschaft treiben konnte. Das politische Gebilde unserer Tage – das Bundesland Mecklenburg-Vorpommern – ist aus der Katastrophe des zweiten Weltkrieges und der deutschen Teilung hervorgegangen. Es besteht aus dem ehemaligen Land Mecklenburg und den westlich der Oder gelegenen Teilen der ehemaligen preußischen Provinz Pommern (mit Ausnahme des Stadtkreises und der Stadt Stettin/Szczecin), dem sogenannten Vorpommern. Verkürzt sprach man in DDR-Zeiten von Mecklenburg. Die gegenwärtige politisch-kulturelle Einheit bildet somit den topographischen Rahmen für das hier im Ausschnitt vorgestellte umfassende Thema »Gotische Backsteinkirchen«, dessen kultur- und kunstgeschichtliche Dimension die Kunst der Hanse ist und das Baltikum ebenso einschließt wie die Niederlande und das deutsche Binnenland bis nach Berlin, Erfurt und Köln.

Mecklenburg-Vorpommern war bereits in vorchristlicher Zeit (vermutlich seit dem 8. Jahrhundert v. Chr.) germanisches Siedlungsgebiet. Während der Völkerwanderung wurde es von einem großen Teil seiner Bewohner verlassen und in den beiden folgenden Jahrhunderten von den aus dem Osten nachrückenden slawischen Stämmen (zusammenfassend als Wenden bezeichnet) in Besitz genommen. Ihre Spuren sind in Mecklenburg-Vorpommern nahezu ausgelöscht. Lediglich einige Reste alter Festungswälle, wie z. B. der Jaromarswall bei Kap Arkona auf der Insel Rügen oder die Rundlingsform vieler Ortschaften, weisen auf die Wenden hin.

Zu einer Zäsur in der mecklenburgischen und pommerschen Geschichte wurde das Jahr 1160, als Heinrich der Löwe (Herzog von Sachsen und Bayern) mit seinen Heeren über die Trave und die Elbe vorstieß. Das militärische Ziel dieses als Christianisierung dargestellten Eroberungsfeldzuges war nach vier Jahren mit der Schlacht bei Verchen am Kummerower See und der Unterwerfung der Wendenfürsten erreicht. Heinrich der Löwe setzte 1167 Pribislaw, den Sohn des gefallenen Obotritenfürsten Niklot, als Vasallen ein. Während der Sachsenherzog 1180 von Kaiser Friedrich I. (Barbarossa) entmachtet wurde, konnten sich die zum Christentum bekehrten Regionalfürsten behaupten. Aus ihrem Geschlecht ging das Haus Mecklenburg hervor.

Bereits in den sechziger Jahren des 12. Jahrhunderts kamen überwiegend aus dem westfälischen Raum stammende Kolonisten in das eroberte Land. Schon 1160 wurde an der Stelle der einstmals mächtigen Festung die erste Stadt Mecklenburgs – Schwerin – gegründet. Sie gelangte zum Sitz sowohl der weltlichen als auch der kirchlichen Macht. Während in Pommern zunächst Cammin als Residenzstadt des Fürsten fungierte, wurde es darin 1181 nach seiner Erhebung zum reichsunmittelbaren Herzogtum (Mecklenburg wurde diese Ehre erst 1348 zuteil) von Stettin beerbt. Weitere Siedlungen folgten rasch: 1170 wurde Parchim erstmals erwähnt, 1171 folgten Bützow und Doberan, und 1188 wurde das von den Dänen, die 1161 unter Waldemar dem Großen in Rügen und Vorpommern eindrangen, zerstörte Rostock wieder aufgebaut. Die Städte entwickelten sich auch wegen ihrer geographischen Lage unterschiedlich. An der Küste entstanden mit dem Überseehandel aufstrebende Metropolen. Die Binnenstädte, deren wichtigster Erwerbszweig im Handel mit Agrarprodukten bestand, blieben hinter dem beachtlichen Wohlstand der Hafenstädte zurück. Nur die Verwaltungszentren Schwerin und Güstrow sowie die an den großen Fernhandelsstraßen gelegenen Städte wie Friedland oder Neubrandenburg konnten einen gewissen Reichtum erwerben.

Christianisierung, Städtegründung und Hanse

In der Gründungsphase der Städte entstanden ihre Sakralbauten. Der zeitgleich mit dem Lübecker Dom (um 1170) begonnene, vermutlich erste mecklenburgische Kirchenbau, der Ratzeburger Dom, bestand bereits aus Backstein. Ebenso wie der (nicht mehr existierende) nur wenig später entstandene erste Bau des Schweriner Doms und die zeitgenössischen Kirchen in der Mark Brandenburg (Jerichow, Brandenburg, Kloster Zinna) folgt er, als im gebundenen System angelegte kreuzförmige Basilika mit einer halbrunden Apsis und einem mächtigen Turmmassiv, im wesentlichen den Vorbildern hochromanischer Bauten des Hausteingebietes (Magdeburg, Halberstadt, Hildesheim u. a.). Neben diesen Basiliken entstanden zur Wende vom 12. auf das 13. Jahrhundert vor allem eine Vielzahl von bescheidenen Saalkirchen in den Dörfern, die teils aus Backstein (Altenkirchen, Vietlübbe), teils aber auch aus Feldstein (Kavelstorf) errichtet wurden.

Unter den Hafenstädten des Küstengebietes erlangten Wismar, Rostock, Stralsund und Greifswald im Verlaufe des 13. Jahrhunderts führende Positionen. Die vier Metropolen des »Wendischen Quartiers« waren aufgrund gemeinsamer Interessen seit der zweiten Jahrhunderthälfte miteinander verbündet. Sie bildeten (mit Lübeck) die Keimzelle der aus der Kaufmannshanse hervorgegangenen späteren Städtehanse. Ihre von Patriziern beherrschten Stadträte gewannen durch den wirtschaftlichen Erfolg rasch an Macht. Um die Unabhängigkeit der selbstbewußten Städte zu brechen, schreckten die Landesherren nicht davor zurück, die Hegemoniebestrebungen der dänischen Könige im norddeutschen Land zu unterstützen. Insgesamt vier dänische Könige führten Kriege gegen den wendischen Städtebund – und alle mußten sich nach erbitterten Kämpfen schließlich geschlagen geben. Nach der Besatzungszeit Waldemars des Großen hielten sich die Dänen (die 1227 nach der Schlacht bei Bornhöved vertrieben wurden) ein Dreivierteljahrhundert aus Norddeutschland heraus, bevor 1311 zunächst Erich Menved und gut fünfzig Jahre später Waldemar IV. (Atterdag) nebst zahlreichen Verbündeten in Mecklenburg und Vorpommern militärisch einzugreifen begannen. Beide unterlagen nach verheißungsvollem Beginn dem Städtebund.

Von den wirtschaftlichen und sozialen Unterschieden zwischen den Binnenstädten und den Küstenmetropolen, in denen sich ein patrizisches, merkantiles System herausgebildet hatte, lassen sich Schlüsse auf die Polarisierung der Raumtypen Halle und Basilika um und nach 1300 ziehen. Im Binnenland hielt man das gesamte Mittelalter hindurch an dem aus dem rheinisch-westfälischen Raum stammenden Typus der dreischiffigen Hallenkirche, der um die Mitte des 13. Jahrhunderts die romanischen Basiliken abzulösen begann, fest. Sie führte man als chorlose Halle zu einer bis dahin ungekannten Monumentalität und Konsequenz, die in Verbindung mit einer Sinnumdeutung und Ablösung von überlieferten feudal-hierarchischen Herrschaftsvorstellungen gebracht wird. In den Küstenstädten baute man nach mehrfachen Planwechseln seit dem letzten Drittel des 13. Jahrhunderts die in der Ile-de-France entwickelte hochgotische Basilika, deren flämische Adaption durch die Handelskontakte bekannt war.

Die vier großen Küstenmetropolen erreichten den Gipfelpunkt ihrer Macht und ihres Reichtums zur Wende vom 14. auf das 15. Jahrhundert, als vielerorts nochmals ein alles überbietender Baurausch einsetzte und in Rostock 1419 die erste Universität der Region, die »Leuchte des Nordens«, gegründet wurde. Das grandiose Rathaus in Stralsund mit seiner hohen Schauwand und die festen Wohn- und Speicherhäuser mit ihren reichverzierten Staffelgiebeln, wie der Alte Schwede in Wismar, sprechen von dem Selbstverständnis und den wirtschaftlichen Bedürfnissen der Kaufleute. Obwohl das 15. Jahrhundert als die Blütezeit der Hanse gilt, mehrten sich bereits in dieser Epoche die Anzeichen für den sich anbahnenden Niedergang des Städtebundes. Die Handelsorganisation hatte zwar in ungezählten Wirtschaftsblockaden und militärischen Auseinandersetzungen stets die Oberhand behalten, doch fuhren auf den Routen der Hansekoggen selbst in der Ostsee immer mehr flämische, englische und skandinavische Schiffe, und die Handelsmonopole gingen (wie das auf dem Londoner Stahlhof) Stück für Stück verloren. Die ehemals große Welt der Hanse geriet durch die Entdeckung neuer Seewege zum Nebenschauplatz, und auf den Märkten erschienen neue Wirtschaftsmächte wie die Fugger und Welser aus Süddeutschland.

Im Osten brach der Deutschordensstaat zusammen, und mit Novgorod ging der einträgliche Rußlandhandel verloren. Mitverursacht und vertieft wurde diese äußere Schwächung durch soziale Auseinandersetzungen in den Städten. In ihnen brachen im 15. Jahrhundert wiederholt Revolten gegen die mit Privilegien ausgestatteten Patrizier los. Die Befestigungen der Städte mit ihren mächtigen und aufwendig gestalteten Tortürmen wie in Neubrandenburg und Friedland zeugen davon, daß nicht nur äußere Feinde abzuwehren waren, sondern unzufriedene Einwohner von der Macht des Stadtregiments beeindruckt werden sollten. Zunehmende Uneinigkeit innerhalb der Hanse vertiefte sich durch politische und religiöse Umwälzungen. Die in den zwanziger Jahren des 16. Jahrhunderts aufkommende Reformationsbewegung gab den sozialen Emanzipationsbestrebungen neuen

Auftrieb. In dem Maße wie die Stadträte an Einfluß verloren, gewannen die feudalen Landesherren an Macht. Die Repräsentationsbauten der kommenden Epoche waren nicht mehr die Kathedralen der Patrizier, sondern die (überwiegend im Binnenland errichteten) Renaissanceschlösser der Fürsten. Weder die Städte Lübeck, Rostock oder Stralsund brachten vergleichbare Bauwerke hervor, wie die Schlösser in Güstrow, Gadebusch und in Schwerin oder den Fürstenhof in Wismar. Ansererseits mangelte es offenbar den reichen Küstenstädten an Bauaufgaben, in denen der Stil der Renaissance hätte ausreifen können. Kirchen, Rathäuser, Spitäler, Speicher, Warenlager, Bürger- und Versammlungshäuser waren bereits vorhanden. Mit dem Übergang zur Renaissance endete für das »Wendische Quartier« das ruhmreichste Kapitel seiner Geschichte – die Einheit des Städtebundes erwies sich zudem mehr und mehr als eine Fiktion.

Friedland,
Neubrandenburger
Torturm.
Feldseite.
Übertragung eines
Schaufassaden-Motivs
backsteingotischer
Basiliken
an den Staffelgiebel
eines Stadttores

Wismar,
Bürgerhaus »Alter Schwede«.
Ansicht von Westen.
Pfeilergiebel mit Formziegel-
wimpergen in
der Art der Brunsberggotik

Neubrandenburg, Treptower Torturm.
Stadtseite.
Turm der Stadtbefestigung.
Blenden mit sakralgotischen Motiven

Prenzlau,
St. Marien.
Ansicht von
Südosten.
Außerordentlich
reicher
Schmuckgiebel
mit freistehendem
Formziegelmaßwerk
in der Nachfolge der
Neubrandenburger
Marienkirche

15

Ratzeburg, Dom. Mittelschiff
nach Osten.
Der erste, vollständig in Backstein
aufgeführte Sakralbau Mecklenburgs.
Vorbild für die erste Generation
spätromanischer Basiliken

Lübeck, St. Marien von Südwesten.
Prototyp der hanseatischen
»Bürgerkathedrale«.
Übernahme der französischen
Basilikaform unter Verzicht auf
das Querhaus und Reduktion
der dekorativen Details

Das seenreiche Hügelland zwischen Trave und Oder ist kulturge-schichtlich untrennbar mit der Norddeutschen Backsteingotik verbun-den. Obgleich Bauten dieser Gattung weit über die Grenzen Mecklen-burg-Vorpommerns hinaus errichtet wurden, ist das Gebiet wegen seines unvergleichlich dichten und qualitätvollen Denkmalbestandes ein geographisches Zentrum des Backsteingebietes im Norden Deutschlands. Der Backstein (bedeutungsgleich mit Ziegelstein) ist eine Mischung aus Lehm und Ton, die zunächst getrocknet und anschließend mehrere Stunden bei etwa 1100 Grad Celsius gebrannt wurde. Als Grundelement aller norddeutschen Backsteinbauten setzte sich bereits im 12. Jahrhundert der sogenannte Klosterstein im (nicht immer genau eingehaltenen) Format 9 × 13 × 28 cm durch. Neben die-sem standardisierten Produkt, das als einzige Verzierungsmöglichkeit eine Variation von Läufer (Längsseite) und Binder (Querseite) zur Auflockerung des Wandgefüges gestattete und das von der Errichtung des Ratzeburger Doms bis zur Vollendung der Wismarer Georgenkir-che in nahezu unveränderter Mauertechnik für alle tragenden Teile ver-wendet wurde, produzierte man die für die Maßwerkpartien benötigten Formziegel. Deren im Laufe des Mittelalters zunehmend kompliziertere Formen wurden anfangs noch mit Messern aus dem angetrockneten Ton geschnitzt, in späterer Zeit jedoch vorwiegend mit Schneidedräh-ten aus dem noch feuchten Material geschnitten. Formziegel wurden ebenso wie Klostersteine, im großen Gegensatz zur Werksteingotik, nicht vor Ort von den Bauhütten, sondern außerhalb der Baustellen von spezialisierten Betrieben angefertigt und auf Bestellung geliefert.

Vergleicht man die backsteingotische Architektur in Mecklenburg und Vorpommern mit zeitgenössischen Bauten der Hausteingotik, so kommt man nicht umhin, festzustellen, daß sie hinsichtlich ihrer Aus-stattung mit ornamentalem und skulpturalem Schmuck gegenüber letzteren karg wirkt.

Obgleich vielfach geschrieben worden ist, daß in erster Linie die dem Backstein innewohnende materialtechnische Begrenztheit für die asketisch anmutende Erscheinung der norddeutschen Architektur ursächlich gewesen sei, so hat sich die Erkenntnis durchgesetzt, daß es nicht die Eigenschaften des Materials und auch nicht ein abgeho-bener Stilwille der seefahrenden Kaufleute waren, sondern daß im norddeutschen Sakralbau eine zu bewältigende spezifische Lebens-wirklichkeit ihre ästhetische Verallgemeinerung gefunden hat (Friedrich Möbius). So kann man eigentlich die norddeutsche Backsteingotik nicht als Reduktion von den Formen der Hausteingotik bezeichnen, wenngleich Architektur und Bauschmuck im Vergleich durch unsere

Backstein: Architektur und Bauschmuck

Sehgewohnheiten als purifiziert empfunden werden. Löst man sich von dieser Konvention und weitet den Blick auf den Kontext, in dem sich diese Backsteinkirchen befinden, erschließen sich weitere Erfahrungen, die dann auch die Eigenarten in Grund- und Aufriß der Hallen und Basiliken einbeziehen. Wer jedoch nach Netz- oder Sterngewölben, freitragenden Maßwerkfassaden, krabbenbesetzten und durchbrochenen Fialen oder schmalrippigen Portalwänden sucht, kommt auch hier auf seine Kosten, – an der Nikolaikirche in Wismar finden wir sogar glasierte Statuetten unter einer Formziegelrosette. Die Kirchenschiffe der Hansestädte sind nach denen in Köln und Ulm die höchsten in Deutschland. Diese in den miteinander konkurierenden Küstenmetropolen durchaus bewußt betriebene Monumentalisierung betrifft vor allem die Höhenmaße – die Längsausdehnungen wirken im Vergleich unterdimensioniert. So ist beispielsweise die Wismarer Nikolaikirche (die mit 37 Metern das höchste Kirchenschiff in Mecklenburg-Vorpommern besitzt) bei etwa gleicher Gewölbehöhe nur wenig mehr als halb so lang wie die Kathedrale von Reims.

Die Baumeister der Backsteingotik haben im Laufe des Mittelalters auch eine Reihe von materialgemäßen Schöpfungen hervorgebracht. Als deren einfachste und verbreitetste wäre dabei die an Turmsockeln, Giebelflächen und Hausfassaden zur Auflockerung des Wandgefüges verwandte, teils leere, teils mit Maßwerk ausgefüllte Spitzbogenblende zu nennen. Weitaus komplizierter sind die (wie beim Stargarder Vortor in Neubrandenburg) meist aufgemauerten Schmuckflächen. Zuweilen sind die Schmuckflächen (wie im Ostgiebel der Prenzlauer Marienkirche) auch freitragend aus kleinteiligen Grundelementen mosaikartig zusammengefügt, die vor allem seit dem späten 14. Jahrhundert bei den Bauten der Brunsberg-Schule, gelegentlich aber auch bei älteren Bauten (wie etwa in Neubrandenburg) vorkommen. Eine weitere Strukturierungsmöglichkeit besteht in der Verwendung von meist dunkelgrün- oder schwarzglasierten Steinen, die der rotleuchtenden Backsteinarchitektur einen zusätzlichen Reiz verleihen. Das wohl eindrucksvollste Beispiel für die Anwendung dieser Technik ist der »gestreifte« Außenbau der Rostocker Marienkirche.

Die Entwicklung der Formziegelornamentik – und damit die originäre Übersetzung der gotischen Formensprache in die Bedingungen eines »Kunststeins« – blieb der norddeutschen Backsteingotik vorbehalten. Die Anverwandlung der Prinzipien und Formen des gotischen Sakralbaus unter den Bedingungen der hanseatischen Gesellschaft war eine maßgebliche Leistung innerhalb der mittelalterlichen Architekturgeschichte.

Neubrandenburg, Stargarder Vortor
(Feldseite).
Aufgemauertes Formziegelmaßwerk
unter freistehenden
krabbenbesetzten Wimpergen

Greifswald, St. Marien.
Aufgemauerte Spitzbogenblenden
und durchbrochene Strebepfeiler
im Ostgiebel der ersten flach-
abschließenden hochgotischen Halle

Wismar, St. Nikolai. Giebelfläche
der südlichen Seitenhalle.
Reliefsteine mit Figuren von Maria
und St. Nikolaus

Güstrow, Dom.
Westportal mit
reich profiliertem
spätgotischem
Gewände

Altentreptow,
St. Petri.
Stufenportal, das
durch eingefügte
Kapitelle
in Gewände und
Archivolten
geschieden ist

Stralsund, St. Marien.
Netz- und Sterngewölbe in
der Westwerkhalle

In dem mecklenburg-vorpommerschen Raum kann man von einer Dominanz von Halle im Binnenland und Basilika an der Küste sprechen. Beide Kirchenbautypen sind seit dem 19. Jahrhundert vom Ansatz her Gegenstand kontroverser Interpretationen. So sah der wilhelminische Kunsthistoriker Kurt Gerstenberg in der Halle und deren spezieller spätgotisch-obersächsischer Variante den kulturgeschichtlichen Höhepunkt einer vermeintlich geradlinigen Entwicklung »zum Einheitsraum der deutschen Sondergotik«. Kern dieser später weiter vertieften Auffassung war die mittlerweile umstrittene Verallgemeinerung, daß die freien, ungeteilten Räume, im Vergleich zu der ausgeprägten hierarchischen Staffelung des basilikalen Raumes, Ausdruck einer egalitären Gesinnung eines erstarkten Frühbürgertums seien. Dem widerspricht, daß Basilika und Halle gleichermaßen von unterschiedlichen sozialen Gruppen gebraucht wurden, und daß es in Gestalt- und Raumqualität erhebliche Abstufungen gibt. Dennoch bleiben Besonderheiten festzustellen. Die Halle erfuhr ihre Steigerung in der Form als chorlose Halle mit geradem Wandabschluß. Ihr kam auch in dieser Kunstlandschaft wachsende Bedeutung bei der Ausbildung spätgotischer Gestaltungsprinzipien zu. Insbesondere die Ostgiebel waren Ansatz für künstlerisch vollendete Gestaltung (vgl. Neubrandenburger Marienkirche). Die Basiliken verzichten beim Aufriß auf das Triforium im 2. Geschoß. Für das hochgotische Gliedergerüst der Kathedrale wird ein Wandrahmensystem entwickelt, und Chorumgang und Umgangskapellen verschmelzen unter Ausschluß eines eigenen Querhauses miteinander.

Basilika und Halle

asiliken

Obschon die seit der 2. Hälfte des 13. Jahrhunderts an der deutschen Ostseeküste errichteten Basiliken häufig als Kathedralen bezeichnet wurden, handelt es sich mit Ausnahme des Schweriner Doms eigentlich um Pfarrkirchen, um Bauten also, die nicht Sitz eines Bischofs waren. Die erste dieser zweifellos durch die Kathedralen der Ile-de-France und deren flämische Nachfolgebauten inspirierten Backsteinbasiliken war die Lübecker Marienkirche. Sie war der Prototyp dieser Gattung und wirkte im »Wendischen Quartier«, ungeachtet aller späteren Modifikationen, bis zum Ende des Mittelalters stilbildend.

Bereits im Jahre 1265 kam man in Lübeck in der Frage, wie der beanspruchten Vormachtstellung in einer den alten Dom Heinrichs des Löwen möglichst eindrucksvoll überbietenden Weise architektonisch Ausdruck zu verleihen sei, zu der Überzeugung, die noch unfertige Hallenkirche St. Marien wieder abbrechen und zu einer Basilika nach aktuellen westlichen Vorbildern ausbauen zu müssen. In nur 86 Jahren Bauzeit entstand im Zentrum der Stadt ein gewaltiger dreischiffiger Neubau mit Doppelturmfassade und einem 38,5 Meter hohen, neunjochigen Mittelschiff. Die Besonderheiten dieses Baus bestehen in erster Linie in seinem Verzicht auf ein Querhaus und in der Anlage eines in der deutschen Gotik sonst singulären Umgangschores. Seine konstruktive Besonderheit besteht in der Verschmelzung der Chorumgangsjoche mit den Chorkapellen unter einem gemeinsamen Gewölbe zu jeweils hexagonalen Raumeinheiten. Er folgt damit erstmals einem bei der Kathedrale von Soissons eingeführten Typus. Die meisten flämischen und mecklenburg-vorpommerschen Basiliken adaptierten ihn. In Frankreich blieb er auf wenige Bauten beschränkt. Der einzige basilikale Umgangschor in Mecklenburg-Vorpommern, der sich nicht an diesem Muster orientiert, sondern ein Chorpolygon ähnlich den märkischen Hallen aufweist, ist bei der Wolgaster Petrikirche zu finden. Von dieser Ausnahme abgesehen, umschließen alle Chorumgänge einen 5/8-Binnenchor – sie bilden dabei selbst jeweils fünf Seiten eines Achtecks. Neben dieser für die Hauptpfarrkirche der wendischen Hansestädte fast verbindlich zu nennenden Chorvariante gab es in Mecklenburg-Vorpommern noch weitere zwei Formen des basilikalen Ostabschlusses. Die in den Küstenstädten am häufigsten anzutreffende Alternative zum Kapellenumgangschor findet sich in dem schlichten geraden Chorabschluß. Er ist, wie etwa bei der Stralsunder Jakobikirche, zumeist das Überbleibsel einer gerade geschlossenen Vorgängerhalle. Die Möglichkeit der Verlängerung des Mittelschiffes zum polygonalen Saalchor findet man nur bei der Malchiner Stadtpfarrkirche und bei St. Petri in Rostock. Die statische Konstruktion der ersten hanseatischen Basiliken entspricht in den backsteingotischen Formenvereinfachungen dem von den französischen Kathedralen her bekannten Prinzip. Jedoch anders als bei dem offenen Strebewerk an den Sakralbauten der Hausteingotik, das mit dem gesamten Repertoire gotischer Maßwerkformen ausgestattet ist, gibt es in Lübeck, Wismar, Schwerin und Stralsund eine eingeschossige Konstruktion, bei der die Strebepfeiler und -bogen dicht an die Mauer gezogen sind. Mit zunehmender räumlicher und zeitlicher Entfernung zum Lübecker Vorbild ging man im »Wendischen Quartier« dazu über, die Obergadenwände mittels eines unter den Seitenschiffpultdächern verborgenen Systems von Strebemauern und eingezogenen Pfeilern abzustützen. Mit Ausnahme der Wismarer Nikolaikirche und des Schweriner Dom-Langhauses verdanken alle nach Mitte des 14. Jahrhunderts begonnenen Basiliken ihre Standfestigkeit einer solchen statischen Konstruktion. In Wismar entschied man sich erst im 15. Jahrhundert beim Neubau des Langhauses von St. Georgen für eine derartige Lösung. Der Einzug des Strebewerks hatte auch für den Kircheninnenraum Folgen, da er von einem steil angewinkelten Pultdach überfangen wurde. Dadurch entstand im Mittelschiff zwischen Arkaden und Obergadenzone, im Bereich des Triforiums der französischen Kathedralen, ein hoher, unbelichteter Wandabschnitt. Die überfangenen kompakten Wandflächen gliederte man mit sogenannten Blendnischen. Dies sind als untere Verlängerung der Obergadenfenster in die Wand eingelassene Vertiefungen, auf deren Hintergrund aufgemauerte Dienste die Stabwerklanzen der Fenster nach unten fortsetzen. Wenngleich es sich dabei im Vergleich mit den zeitgenössischen Triforien französischer Kathedralen um eine vergleichsweise schlichte und in der Qualität eigentlich andere Konstruktion handelt, konnte der Höhendrang der Mittelschiffe durch sie eindrucksvoll gesteigert werden. Die Blendnischen blieben ein spezifisches Stilmerkmal der norddeutschen Backsteingotik. Unter den wendischen Stadtkirchen gibt bzw. gab es nur zwei Bauten, bei denen man sie nicht antrifft. Die kriegsgeschädigte und 1957 leider abgetragene Rostocker Jakobikirche verfügte über ein aufgemauertes Scheintriforium, und in der Doberaner Zisterzienserkirche ist die glatte Mauerfläche oberhalb der Arkaden mit einer kunstvollen, die Maßwerkformen eines Triforiums imitierenden Bemalung ausgefüllt. Mit der Stargarder Marienkirche und der Posener St.-Peter-und-Paul-Kirche gibt es immerhin zwei Basiliken der norddeutschen Backsteingotik mit mittelalterlichem Triforium.

Der von der Lübecker Marienkirche vorgegebene Verzicht auf ein Querschiff ist in Mecklenburg-Vorpommern von einigen Basiliken nicht nachvollzogen worden. Galt es beim Schweriner Dom eine dem Repräsentationsanspruch einer Bischofskirche entsprechende Erscheinungsform zu finden, die nach diesem kathedralgotischen Architekturelement verlangte, so erfolgte der Einbau des Querhauses in Doberan als reduzierte Übernahme von der Mutterkirche in Altenberg (Bergischer Dom) bei Köln. Die von der städtischen Gewandschneidergilde in Konkurrenz zur patrizischen Marktkirche errichtete Stralsunder Marienkirche erhielt ebenso wie die Rostocker Marienkirche ein Querschiff, um damit dem Anspruch auf den Rang als Hauptpfarrkirche Ausdruck zu verleihen. Auch die Doppeltürmigkeit der Lübecker Marienkirche wurde von einem großen Teil ihrer Filialbauten nicht übernommen. Nur die Stralsunder Nikolaikirche, mit deren Errichtung vermutlich nur fünf Jahre nach dem Vorbildbau begonnen wurde, besitzt zwei Westtürme (das wuchtig breite Westwerk der Rostocker Marienkirche läßt sich noch als Basis einer projektierten Doppelturmfront erahnen). Anders als bei der Mehrzahl der Türme des Hausteingebiets, deren am Boden quadratischer Querschnitt in der Regel vom dritten oder vierten Geschoß an aufwärts in einen oktogonalen übergeleitet wurde, hielt man die viereckige Grundform bei den meisten Kirchtürmen der Hansestädte vom Sockel bis zum Helmansatz durch. Ihre Statik basiert nicht, wie bei den Hausteintürmen, auf einer von unten nach oben fortschreitenden Verringerung des Querschnitts, sondern auf einer gewaltigen Verstärkung der tragenden Wände. Die Lübecker Marientürme haben am Helmansatz in 70 Meter Höhe den gleichen Durchmesser wie am Fundament. Der nahezu vollständige Verzicht auf stützende Pfeilervorlagen wurde durch die z. T. mehr als 5 Meter starken Mauern in den Sockelgeschossen ermöglicht. Die Tatsache, daß man auch dieses Konstruktionsprinzip an prominenten flämischen Kirchen wie etwa der Kathedrale von Mechelen wiederfinden kann, darf sicherlich als ein weiterer Beleg für die nahe Verwandtschaft zwischen den städtischen Sakralbauten beider Regionen gewertet werden. Der überwiegende Teil der heutigen, die Türme der Basiliken abschließenden Hauben, Sattel- oder Kreuzdächer, entstammt der Barockzeit – die meisten der ursprünglich dem Lübecker Vorbild gleichenden oktogonalen Turmhelme wurden im 17. und 18. Jahrhundert bei Unwettern zerstört und richteten dabei z. T. nicht unbeträchtlichen Schaden an.

Die küstenländische Sakralbaukunst hielt an dem einmal entwickelten basilikalen Prototyp fest. Von einer Weiterentwicklung im Sinne einer bei der Hausteingotik, aber z. T. auch bei der märkischen Backsteingotik und bei einzelnen Bauten des mecklenburgischen Binnenlandes zu beobachtenden schrittweisen Verfeinerung der Bauornamentik kann bei den Großbauten des »Wendischen Quartiers« nur eingeschränkt die Rede sein. Während sich einige der gegen Ende des 14. Jahrhunderts begonnenen Kirchen, wie etwa die Wismarer Nikolaikirche, stilistisch auf den ersten Blick kaum von ihren hundert Jahre älteren Vorbildern unterscheiden lassen, so kann man bei anderen, wie z. B der Stralsunder Marienkirche, in etlichen Details (Verschleifung der Chorkapellen, gliederungslose Fensterstäbe u. a.) eine fortgeschrittene Vereinfachung der Formensprache konstatieren. Auch im Einzug des Strebewerks oder in dem während der Entstehung einiger Basiliken (Lübecker und Rostocker Marienkirchen, Stralsunder Nikolaikirche) zu beobachtenden Übergang von reich profilierten Chorpfeilern zu ungegliederten Langhauspfeilern zeigt sich eine lokale Tendenz, die dem von Osten und aus der Mark Brandenburg hereindringenden sogenannten reichen oder weichen Stil (vor allem mit dem Namen des dem Deutschordensgebiet entstammenden Baumeisters Hinrich Brunsberg verbunden) eindeutig entgegengesetzt ist. Lediglich bei den Gewölbekonstruktionen ist bei der Mehrzahl der Stadtkirchen eine weniger konservative Ausrichtung festzustellen. Zwar ist die erst 1381 begonnene Wismarer Nikolaikirche noch mit einem klassischen Kreuzrippengewölbe ausgestattet worden, doch weisen alle zur Wende vom 14. auf das 15. Jahrhundert entstandenen Basiliken z.T. flächendeckende Stern- und Netzgewölbe auf. Die unbestritten grandiosesten Gewölbe dieser Region besitzt die Westwerkshalle der Stralsunder Marienkirche.

Die Einstellung der Bauarbeiten an der Wismarer Georgenkirche (1497) markiert im »Wendischen Quartier« zugleich das Ende der gotischen Baugeschichte. War in Mecklenburg und Vorpommern schon der romanisch-gotische Übergangsstil schwach ausgeprägt, so vermißt man einen formengeschichtlichen Übergang zur Renaissance völlig – die gotischen Kathedralen der Patrizier in den Hansestädten hatten keine Nachfolgebauten.

Bad Doberan,
ehem. Zisterzienser-Klosterkirche.
Chor von Südosten

Bad Doberan,
ehem. Zisterzienser-
Klosterkirche.
Mittelschiff nach Osten

Greifswald,
Dom St. Nikolai.
Mittelschiff
nach Osten

Malchin,
St. Maria und
St. Johannes.
Mittelschiff
nach Osten

Stralsund,
St. Nikolai.
Ansicht
von Südosten

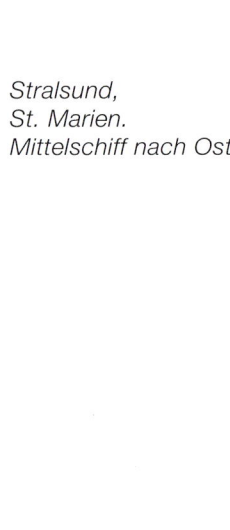

Stralsund,
St. Marien.
Mittelschiff nach Osten

Stralsund,
St. Jakobi.
Ansicht von Südwesten

Doberan,
ehemalige
Zisterzienser-
Klosterkirche
Seite 33/34

Das Doberaner Münster ist die bedeutendste erhaltene Klosterkirche in Mecklenburg-Vorpommern. Sie ist ein Sonderfall: Einerseits steht sie dem Vorbild der hanseatischen Stadtpfarrkirchen wie der Lübecker Marienkirche, nahe, andererseits ist sie aber als Tochter der Zisterzienserabtei von Altenberg bei Köln (Bergischer Dom) auch dem gotischen Schema rheinischer Basiliken verwandt.

Der bestehende, vermutlich 1294 begonnene Bau gründet auf den Fundamenten einer 1291 ausgebrannten, flachgedeckten romanischen Basilika. Er folgt der Altenberger Mutterkirche im Verzicht auf einen Westturm und in der Anlage eines der Ordensregel zuwiderlaufenden Querschiffs. Der Umgangschor des neunjochigen Baus greift jedoch nicht die 7/12-Variante des »Bergischen Doms« und seiner französischen Vorbilder (Royaumont) auf, sondern orientiert sich am lübischen Modell. Die separate Überdachung der Chorkapellen ist ebenso wie der weit aufragende Vierungsturm erst im Rahmen einer neogotischen Umgestaltung angelegt worden – ursprünglich wurden die einspringenden Winkel zwischen den Kapellen wie bei dem etwa zeitgleich entstandenen Schweriner Domchor von einem großen Pultdach überbrückt. Der Außenbau ist zwar überdurchschnittlich reich mit schmückenden Details (mehrfach gestuften Strebepfeilern, Formziegelfriesen, Schmuckblenden, schlanken Treppentürmchen etc.) ausgestattet, befindet sich aber formal in Übereinstimmung mit zeitgenössischen Backsteinbauten. Die Fenster sind, anders als etwa bei der gleichfalls im späten 13. Jahrhundert entstandenen Zisterzienserkirche im märkischen Chorin, nur durch die übliche Stabwerksegmentierung gegliedert.

Der Innenraum ist noch vergleichsweise reich mit Bauornamentik ausgestattet. Die in die Gurtbögen mündenden Dienste werden von kunstvollen Laubwerkkonsolen aufgefangen, die ebenso wie die Arkadenkapitelle aus hellem Kalkstein angefertigt sind. Der Querschnitt der im Kern quadratischen Pfeiler wird durch die allseits aufgemauerten schlanken Dienste kunstvoll verschleiert. Die Doberaner Klosterkirche ist die einzige gotische Basilika in Mecklenburg-Vorpommern, bei der die Obergadenfenster nicht von Blendnischen unterfangen werden. Man war bemüht, werksteingotische Vorbilder zu rezipieren – auf dem glatten Wandstreifen oberhalb der Arkatur ist ein umlaufendes hochgotisches Triforium auf die Wand gemalt. Die Existenz des Querschiffs ist im Langhaus kaum wahrnehmbar, da der Rhythmus der Arkadenbögen, wenngleich wenig oberhalb der Scheitelhöhe endend, dadurch nicht unterbrochen wird. Eine weitere Besonderheit der beiden dadurch voneinander geschiedenen Querhausflügel besteht in den

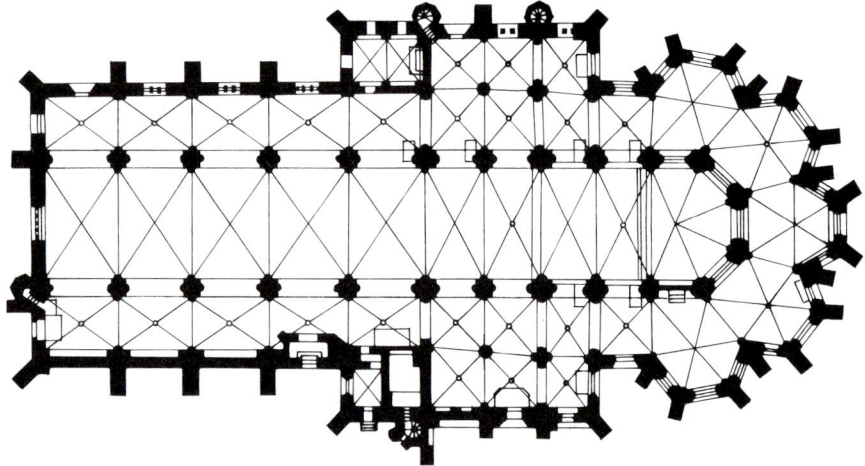

reich mit Glasursteinen besetzten Oktogonpfeilern, die die Seiten-schiffgewölbe tragen. Die gesamte Wandfläche ist mit Bemalungen versehen – selbst das vermeintliche Backsteinmauerwerk ist eine auf den verputzten Untergrund gemalte Materialimitation.

Der ungeachtet seiner langen Bauzeit (1294–1368) außerordentlich homogene Innenraum ist nicht nur der am besten in seinem mittelalter-lichen Zustand erhaltene, sondern – wenngleich er mit »nur« 26 Metern Gewölbehöhe bei weitem nicht die Abmessungen der größten Stadt-kirchen erreicht – vielleicht auch der am reichsten ausgestattete und schönste basilikale Kirchenraum in Mecklenburg-Vorpommern.

Mit der Errichtung der ehemaligen Pfarrkirche St. Nikolai (1945 zum evangelischen Dom erhoben), ist im letzten Viertel des 13. Jahrhun-derts begonnen worden. Entsprechend einer Planänderung erhöhte man zu Beginn des 14. Jahrhunderts das Mittelschiff der ursprünglich fünfjochigen Kurzhalle und stattete es mit einem Lichtgaden aus. Die dadurch entstandene Basilika wurde dann etwa ab 1400 um fünf Joche nach Osten verlängert. Der Ostabschluß des Mittelschiffs endet zwar flach, aber die angeschrägte Endigung der Seitenschiffe lassen den Chor dreiseitig, mithin polygonal geschlossen erscheinen. Ein wei-terer Kirchenbau Mecklenburg-Vorpommerns, bei dem man ebenfalls diese Lösung sehen kann, ist die Hallenkirche St. Marien in Anklam. Mit der Weihe des Chores im Jahre 1411 war der Bau der Kirchen-schiffe vollendet. Die Errichtung des die Silhouette der Stadt dominie-renden 99 Meter hohen, eleganten Turmes fand erst 1653 mit der Auf-setzung der Barockhaube ihren Abschluß. Letztere steht auf einem

Greifswald,
St. Nikolai
Seite 35/36

oktogonalen Zwischengeschoß, das zu Beginn des 16. Jahrhunderts angelegt wurde. Dominierend tritt der eindrucksvolle, mit drei Maßwerkfenstern und etlichen Spitzbogenblenden ausgestattete Giebel an der Ostfassade hervor. Die Strebepfeiler und Mauern sind entweder unter das Pultdach gestellt oder in den Innenraum eingezogen. Dadurch gibt es sowohl an den Seitenschiffen als auch an den Obergaden zwischen den Stabwerkfenstern ungegliederte Mauerflächen, die zu dem Eindruck eines kubisch kompakten Baukörpers beitragen.

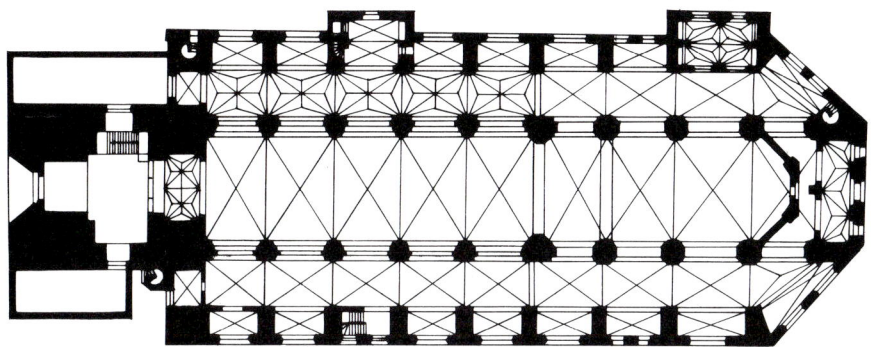

Der Innenraum ist, mit Ausnahme der östlichen Chorkapelle und der fünf Westjoche des nördlichen Seitenschiffs, kreuzrippengewölbt. Die fünf westlichen Joche des südlichen Seitenschiffs waren – bis zum letzten Turmeinsturz (1650) – ebenfalls sterngewölbt. Der Raumeindruck ist heute wesentlich durch die Veränderungen, die im 19. Jahrhundert vorgenommen wurden, geprägt. Der Schinkelschüler G. Giese war für die Ausgestaltung mit plastischem Maßwerkschmuck und für die Konstruktion der trigonalen Altarrückwand verantwortlich, die nachträglich einen Chorumgang herstellte.

Malchin,
St. Maria und
St. Johannes
Seite 37

Die spätgotische, dreischiffige Basilika wurde ab 1397 als Nachfolgebau einer ausgebrannten romanischen Pfarrkirche errichtet.

Ihr vierjochiges Langhaus schließt in einem einjochigen, polygonalen (5/8-)Saalchor. Südlich des seitlich nach Norden versetzten Westturmes befindet sich eine gleichfalls polygonal geschlossene, zweijochige Seitenkapelle.

Den westlichen Abschluß des Baus bildet, ähnlich wie bei der Greifswalder Marienkirche, eine schmale Vorhalle. Das Strebewerk ist unter die sehr steilen, den Obergaden stark verkürzenden Seitenschiffdächer eingezogen. Das Kirchenschiff wird von kräftigen Oktogonpfeilern mit schmalen Kantstäben getragen.

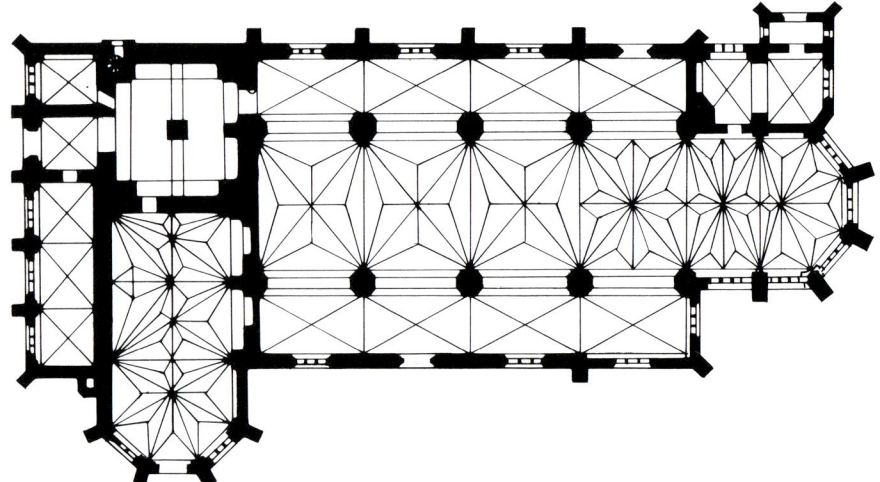

Während die Eingangshalle und die Seitenschiffe kreuzrippengewölbt sind, befinden sich im Mittelschiff und in der Südkapelle sehr
schöne Sterngewölbe. In den drei westlichen Langhausjochen befinden sich Blendnischen, die auf filigranen Formziegelfriesen stehen.
Sowohl die Arkaden- als auch die Kämpferkapitelle sind teilweise sehr
reich mit Laubwerk-Formsteinen ausgestattet.

Die Marienkirche hat eine verwirrende Baugeschichte hinter sich. Vor
dem Entstehungsbeginn der ersten Basilika (dem Vorgängerbau der
heutigen Kirche) standen an dieser Stelle nacheinander bereits zwei
Hallenkirchen. Von dem zweiten Hallenbau sind das Untergeschoß der
Westfassade erhalten. Die um 1290 begonnene dreischiffige Basilika
war mit einem Umgangschor nach dem Muster der Lübecker Marienkirche ausgestattet und besaß wie diese kein Querschiff. Sie stürzte
1398, offenbar infolge von Konstruktionsfehlern, fast vollständig ein.
Unmittelbar danach erfolgte der Kirchenneubau nach einer wiederum
veränderten Konzeption.

Das fünfjochige Langhaus des heutigen Baus wird von einem im
Norden polygonal endenden Querhaus geteilt, das es an Länge etwa
übertrifft und dem Grundriß ein kreuzförmiges Aussehen verleiht.
Durch seinen 7/12-Abschluß und seine beachtlichen Abmessungen
stellt der Umgangschor mit Kapellenkranz eine eigenständige, gleich-
berechtigte Raumeinheit dar.

Die aus der enormen Gewölbehöhe von 31,5 Meter resultierenden
Schubkräfte werden von einem eingezogenen Strebemauersystem
kompensiert. Der Außenbau ist neben den gestuften Strebepfeilern,

Rostock,
St. Marien
Seite 38/39

dem Kaffgesims und den beiden Treppentürmen am Chor vor allem durch seine »Streifung« gegliedert: eine Abfolge von unglasierten gelben und dunkelgrün bzw. schwarz glasierten Backsteinen. Der Dachreiter ist ebenso wie der Helm des Westturms eine Hinzufügung des späten 18. Jahrhunderts. Die Südfront des Querschiffes ist mit ihrem riesigen Fenster, ihrem Schmuckgiebel und dem feingegliederten Portal zu einer zweiten Schaufassade ausgebildet worden. Die Belichtung des im Mittelschiff mit einem eigenwilligen sternartigen Gewölbe ausgestatteten Innenraums erfolgt zum größten Teil durch dreiteilige Stabwerkfenster.

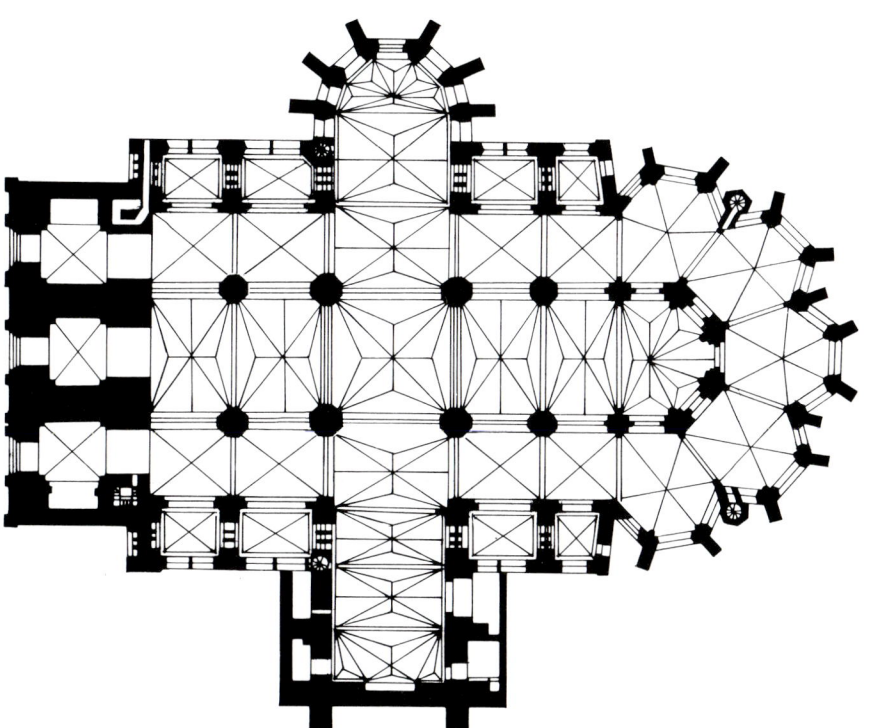

Der Binnenchor ist durch reich gegliederte Dienstbündelpfeiler vom Umgang geschieden, die noch von der stärker dem Lübecker Vorbild verpflichteten Vorgängerkirche stammen.Im Langhaus findet man einfache, auffallend breite Oktogonpfeiler. Die Arkatur und die Vierungspfeiler sind im Gegensatz dazu profiliert und mit schönen Blattwerkkapitellen ausgestattet. Die schlichten Blendnischen sind durch einen begehbaren Laufgang verbunden. Mit dem Bau der Seitenkapellen (1452) war die Marienkirche vollendet.

Der wenig mehr als ein Jahrzehnt nach den Eroberungen Heinrich des Löwen begonnene Urbau des Doms war nach dem Ratzeburger Dom, dem er in wesentlichen Teilen geglichen haben dürfte, der zweite große Sakralbau Mecklenburg-Vorpommerns. Von ihm haben sich nur Teile des Turms und der sogenannten-Paradiespforte erhalten.

Der heutige gotische Dom, mit dessen Errichtung um 1270 begonnen wurde, war der zweite Nachfolgebau der Lübecker Marienkirche. Er ist nach seiner Grundfläche das zweitgrößte Gotteshaus Mecklenburg-Vorpommerns.

Der für backsteingotische Verhältnisse ungewöhnlich langgestreckte Bau ist eine dreischiffige neunjochige Basilika mit einem über die Seitenschiffe hinausragenden Querschiff und »Lübischem Kapellenkranz«. Im Norden befindet sich ein in der ersten Hälfte des 15. Jahrhunderts angefügter Kreuzgang. Während der 1327 vollendete Chor von einem

Schwerin,
Dom St. Marien und Johannes
Seite 40

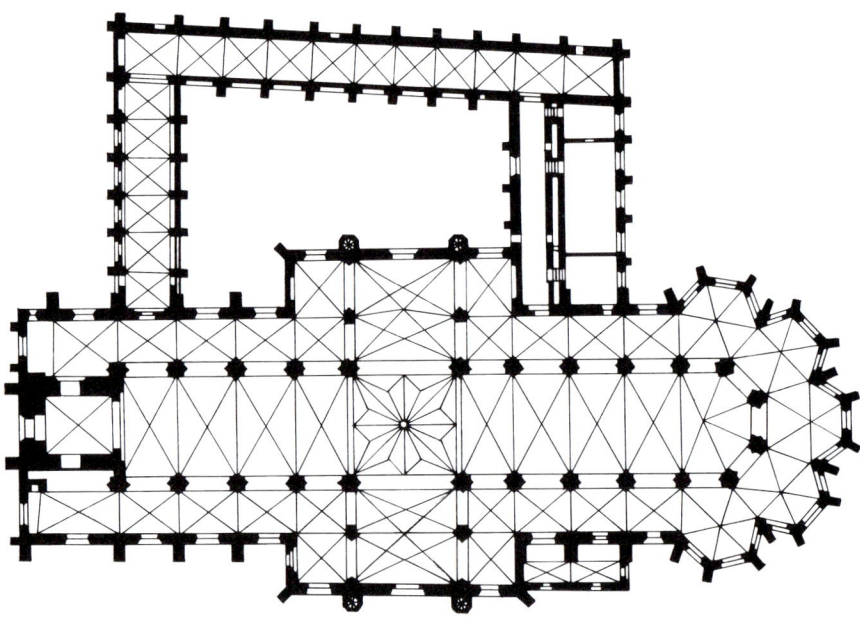

unter dem Pultdach versteckten Strebemauersystem getragen wird, verdankt das etwa zwei Meter höhere Langhaus seine Standfestigkeit einem offenen Strebewerk. Letzteres ist, anders als das der Lübecker Marienkirche, durch eine einfache Gliederung in Pfeiler und Bogen geschieden.

Der Innenraum ist mit Ausnahme von Vierung und Querhaus (die ein Stern- bzw. ein einfaches Netzgewölbe aufweisen) kreuzrippengewölbt. Die Blendnischen sind auf ihre einfachste Grundform reduziert:

sie bestehen aus einer Vertiefung mit zwei aufgemauerten Diensten und einem angeschrägten Sockelstück. Die Pfeiler haben quadratischen Querschnitt und werden am Ansatz der Arkadenbögen nicht durch Kapitelle unterbrochen. Langhaus und Querschiff hatten ursprünglich die gleiche Höhe wie der Chor und wurden erst im letzten Viertel des 14. Jahrhunderts, noch vor ihrer Vollendung, nach einer Planänderung erhöht. Dabei wurden die Spitzbögen der miterhöhten Fenster wie bei St. Marien in Stralsund durch flache Dreiecke ersetzt.

Die neugotische Innenausmalung ist im Zuge der in den achtziger Jahren vorgenommenen Restaurierungsarbeiten gegen einen dem ursprünglichen Zustand vermutlich sehr nahe kommenden weißen Anstrich mit farblich abgesetzten Diensten, Kreuzrippen und Gurtbögen vertauscht worden. Der 118 m hohe Westturm wurde erst 1890 von G. Daniel als Ersatz für den Turm des romanischen Vorgängerbaus errichtet.

Stralsund,
St. Nikolai
Seite 41/42

Die sogenannte Marktkirche wurde höchstwahrscheinlich 1270, etwa zeitgleich mit dem Schweriner Dom, begonnen. Sie ist die erste Pfarrkirche in der Nachfolge der Lübecker Marienkirche. Sie gilt auch künstlerisch als deren in jeder Hinsicht nächster Verwandter. Wie das Lübecker Vorbild besitzt sie eine Doppelturmfassade, ein offenes Strebewerk, hexagonale Raumzellen im Chorumgang und kein Querschiff. Sie ist unter den Basiliken dieser Region wohl diejenige, die dem Bild der klassischen französisch-flämischen Kathedrale am nächsten kommt und am reichsten mit Formziegelornamentik ausgestattet.

Der dreischiffige, achtjochige (gegenüber Lübeck also um ein Joch verkürzte) Bau ist allseits durch einen zwischen die Strebepfeilersockel

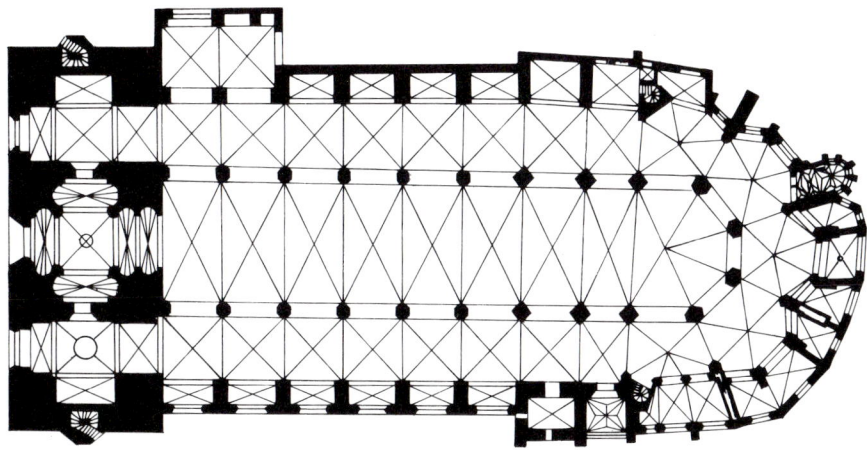

gesetzten, fast vollständigen Kapellenring erweitert. Die Doppelturmfassade ist nach 1360 entstanden. Die identisch gestalteten fünfgeschossigen Türme sind reich mit Spitzbogenblenden und Fensteröffnungen geschmückt. Ihre ursprünglich steilen Oktogonhelme brannten im 17. Jahrhundert aus und wurden zeitgleich mit dem Dachreiter durch barocke Hauben ersetzt. Zwischen den Türmen befindet sich, unter einem blendengeschmückten Giebel, ein großes Westfenster. Während der Chor der Nikolaikirche unmittelbar nach seiner Einwölbung 1310 geweiht wurde, fanden die Bauarbeiten erst mit der Anfügung der Seitenkapellen zu Beginn des 15. Jahrhunderts ihren Abschluß. Der Innenraum beeindruckt nicht nur durch seine Dimensionen, sondern vor allem durch seine reiche Maßwerkausstattung. Die filigranen Dienstbündelpfeiler, Arkadenbögen und Blattwerkkapitelle gehören zu den schönsten und bedeutendsten, die die Backsteingotik hervorgebracht hat.

Der Binnenchor ist durch einen barocken Lettner vom Langhaus geschieden. Während der Bauarbeiten erfolgte der Übergang von der Hoch- zur Spätgotik. Sichtbar an den Maßwerkformen, die die Werksteingotik zu imitieren suchen hin zu den eher vergröbernden Einzelformen wie in Lübeck und Rostock. Im Wechsel von den feinrippigen Dienstbündelpfeilern des Chorumgangs, zu den schlichten Oktogonpfeilern des Langhauses, wird dieser Stilwandel deutlich. Alle Kirchenschiffe sind einheitlich kreuzrippengewölbt. Die tief in die Schildbogenwand einschneidenden Blendnischen sind durch eine bemalte Holzbrüstung gesichert und mit einem die Strebepfeiler durchstoßenden Laufgang verbunden. Der gesamte Innenraum ist mit farbenprächtigen mittelalterlichen Malereien (realistischen Ansichten von Heiligen, Tieren und Pflanzen), die überwiegend um 1500 entstanden sein dürften, ausgestattet.

Diese Marienkirche ist das größte mittelalterliche Bauwerk Mecklenburg-Vorpommerns. Ihre Grundfläche übertrifft sogar die der Lübecker Marienkirche. Mit ihrer Errichtung wurde 1382 begonnen, nur wenige Monate, nachdem die zuvor an dieser Stelle befindliche Hallenkirche aufgrund baulicher Mängel eingestürzt war. Der Neubau der Pfarrkirche der Neustadt wurde von der Gilde der Gewandschneider in Konkurrenz zur Haupt- und Ratskirche St. Nikolai betrieben.

Stralsund,
St. Marien
Seite 44/45

Die Marienkirche, die heute vor allem in ihrem Inneren, aufgrund der zweifellos geglückten neugotischen Einfügungen, eher ein Werk des 19. Jahrhunderts als des ausgehenden Mittelalters ist, war, da sie in nur 50 Jahren fertiggestellt wurde, ursprünglich ein Bau von großer Einheitlichkeit.

Sie ist eine dreischiffige, achtjochige Basilika mit Chorumgang und Querschiff. Als Besonderheit besitzt sie eine riesige, über die Seitenschiffe hinausragende Westwerkshalle. Diese kulminiert in einem im obersten Geschoß oktogonalen, blendengeschmückten Turm. Die auf der Außenseite nahezu ungegliederte Obergadenwand wird durch ein unter den steilen Seitenschiffpultdächern verstecktes Strebemauersystem gestützt. Das Fenstermaßwerk ist weitgehend auf seine einfachste Grundform reduziert. Die flächige Geschlossenheit der Choraußen-

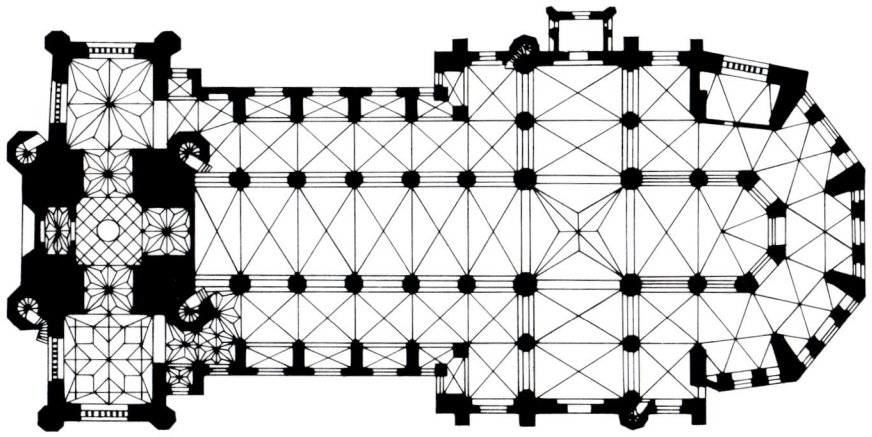

wände wurde dadurch erreicht, daß man hier (wie auch im übrigen Bau) die Strebepfeiler nach innen zog und die sechsteiligen Gewölbe des »Lübischen Kapellenkranzes« in trapezförmige Räume einbeschrieb.

Durch ihre überwiegend schlichten Detailformen ist die Marienkirche ein typischer Vertreter einer vor allem in den Hansestädten forcierten spätgotischen Entwicklungsrichtung, die, anders als die etwa zur gleichen Zeit erblühende »Hinrich-Brunsberg-Gotik«, zu einer Reduktion von Maßwerk und Ornamentik tendiert. Die archaisch schlichten Blendengiebel des Querhauses sind neben den Blenden des Turmoktogons die einzige Zierform des Außenbaus. Ungeachtet dieses Purismus ist die Stralsunder Marienkirche jedoch frei von jeglicher Schwerfälligkeit. Sie ist durch ihren additiv gestaffelten Aufbau und die in die Höhe strebenden Treppentürme die eleganteste Erscheinung unter den hanseatischen Großkirchen. Angesichts der grandiosen Wirkung ihrer heutigen 101 Meter hohen Turmkonstruktion läßt es sich leicht ausmalen, welchen Eindruck ihr ursprünglich 150 Meter hoher, 1647 ausgebrannter, Turmhelm hinterlassen haben muß.

Im Innern sind die Kirchenschiffe nur westlich des Querhauses in ihrem ursprünglichen Zustand erhalten geblieben – nur dort kann man noch die dem Äußeren entsprechende mittelalterliche Gestaltung studieren. Sie besteht aus ungegliederten Oktogonpfeilern, die oberhalb eines nur als Pfeilerverstärkung angedeuteten Kapitells in mäßig profilierte Arkadenbögen übergehen, sowie aus Stabwerkfenstern, bei denen selbst die Schildbögen zu zwei Schrägen reduziert sind und als deren Verlängerung einfache, nur durch eine Holzbrüstung gesicherte Blendnischen dienen.

Chor und Querschiff wurden, nachdem die Napoleonischen Truppen die Kirche weitgehend verwüstet hatten, von 1842–1847 nach Plänen von J. W. Brüggemann neugotisch umgestaltet. Der Binnenchor wurde durch eine aus schlanken profilierten Wimpergen bestehende Zierwand gegen den Umgang abgegrenzt. Sowohl auf die Pfeiler als auch auf die Blendnischen wurden Dienste und Lisenen aufgemauert, und über den Arkaden wurde ein nach oben geöffnetes Triforium eingebaut. Auch die hohen Maßwerkfenster des Querhauses stammen aus dem 19. Jahrhundert. Die ehemals reiche Ausmalung ist im 17. Jahrhundert, aus dem der größte Teil der Einrichtung stammt, weiß übertüncht worden.

Die dritte große Basilika Stralsunds war ursprünglich eine um 1300 begonnene, gerade geschlossene Hallenkirche. Die Umgestaltung erfolgte erst zur Wende auf das 15. Jahrhundert durch eine nachträgliche Erhöhung des Mittelschiffs unter Beibehaltung des flachen Ostabschlusses.

Wie bei St. Marien wurde auch hier die statische Konstruktion unter den Seitenschiffdächern versteckt. Zeitgleich mit der Umgestaltung

Stralsund, St. Jakobi Seite 43

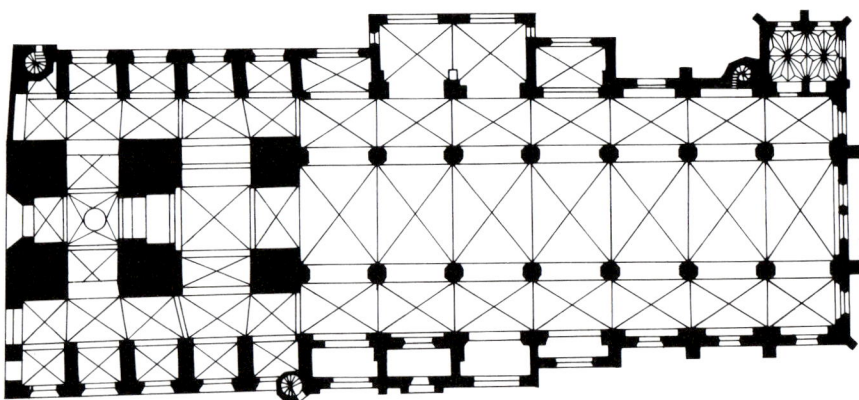

des Kirchenschiffs nahm man auch den Neubau des heutigen Turmes, dessen Sockelgeschosse noch von dem Vorgängerbau stammen, in Angriff. Mit seinem reichen Blendenschmuck, dem großen Westfenster und den vier das oktogonale Geschoß flankierenden Ecktürmchen gehört er zu den schönsten seiner Art in Mecklenburg-Vorpommern. Ebenso wie das gleichfalls im 15. Jahrhundert entstandene Mittelschiff der Marienkirche wirkt auch das der Jakobikirche ausgesprochen karg und schmucklos. So findet man auch hier ungegliederte Achteckpfeiler, und die Blendnischen sind auf die schlichteste Grundform reduziert. Die Jakobikirche wurde erst im späten 15. Jahrhundert mit der Aufrichtung des spitzen Turmhelms und dem Anbau der Seitenkapellen und der Sakristei fertiggestellt. Anstelle des ursprünglich gotischen Helms besitzt der Turm heute eine Barockhaube. Die Kirchenfenster sind zum Teil mit sehr kunstvollem spätgotischem Maßwerk ausgestattet. Das große Ostfenster wird von einem blendengeschmückten Giebelfeld überragt. Auch das Westportal und das darüberliegende Fenster sind von einem feinrippigen, teils mit schwarz glasierten Steinen aufgelockerten Gewände eingefaßt. Das Kircheninnere ist nach den Kriegszerstörungen noch im Wiederaufbau. Es ist mit Ausnahme der Sakristei und der Eingangshalle kreuzrippengewölbt. Die Gewölbe der Seitenschiffe stammen größtenteils von der Hallenkirche.

Wismar,
St. Nikolai
Seite 46/47
Obgleich erst 1381 begonnen, ist die Nikolaikirche Wismars von den heute noch existierenden hanseatischen Basiliken (mit Ausnahme der Stralsunder Nikolaikirche) diejenige, die dem Lübecker Vorbild am nächsten kommt.

Ihr Mittelschiff ist mit einer Gewölbehöhe von 37 Metern nach dem der Lübecker Marienkirche das höchste im baltischen Raum (in Deutschland das vierthöchste). Die Nikolaikirche ist in wesentlichen Teilen eine vergrößerte Kopie der 42 Jahre vor ihr errichteten Pfarrkirche St. Marien, deren kriegsbeschädigtes Kirchenschiff 1961 gesprengt wurde. Ihre Erbauer sind, anders als diejenigen der Pfarrkirchen der meisten anderen mecklenburgischen und vorpommerschen Städte, zum größten Teil namentlich bekannt. Der Chor wurde von 1381 bis 1403 von Meister Heinrich von Bremen erbaut, das Langhaus entstand ab 1435 unter der Leitung von Hermann von Münster und Peter Stolp, und der das Satteldach überragende Teil des Turmes wurde zu Beginn des 16. Jahrhunderts nach den Plänen von Hans Martens errichtet.

Die Nikolaikirche ist eine dreischiffige Basilika mit Chorumgang, siebenjochigem Langhaus und einem offenen Strebewerk. Die um die

Mitte des 15. Jahrhunderts unter dem Einfluß der Doberaner Zisterzienserkirche zu quadratischen Seitenhallen erweiterten Kapellen des vierten und fünften Jochs vermitteln auf dem Grundriß den Anschein eines Querschiffs. Bemerkenswert ist vor allem die Gestaltung der Giebelwand der südlichen dieser beiden Seitenhallen. Rund um die aufgemauerte Rosette (die den stilisierten Strahlenkranz einer in ihrem Zentrum stehenden Formziegelsonne bildet) gruppieren sich hier Dutzende von (Maria und Nikolaus darstellenden) Reliefsteinen. Die einspringenden Winkel zwischen den Chorkapellen werden wie bei dem Schweriner Dom mit einem einheitlichen Pultdach überbrückt. Die Strebepfeiler sind zweifach gestuft und außerdem durch das den gesamten Bau umfassende Kaffgesims geteilt.

Der mächtige, in den Bau eingezogene Turm ist mit einfachen Blenden und Formziegelfriesen ausgestattet. Sein 1508 vollendeter, dem Lübecker Vorbild folgender Oktogonhelm stürzte 1703 ein und riß dabei große Teile des westlichen Kirchenschiffes mit sich in die Tiefe.

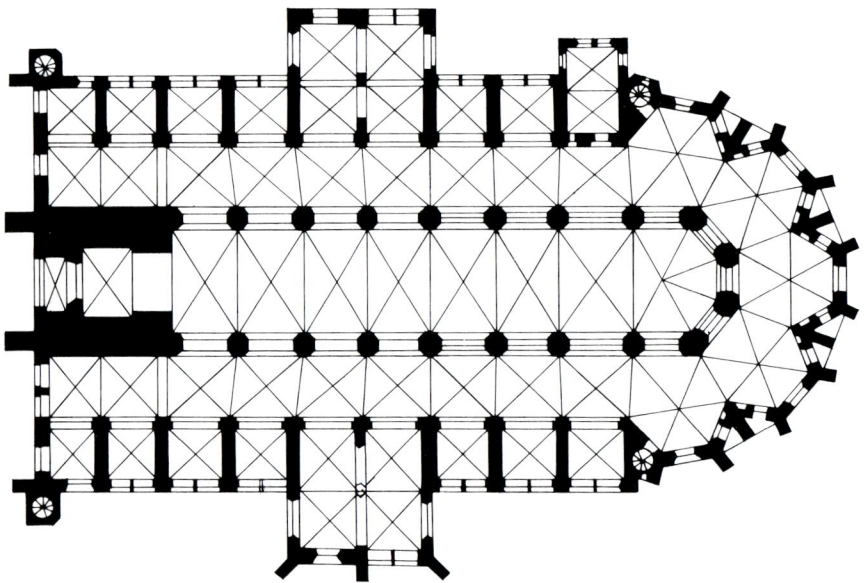

Im Kircheninnern beeindruckt die hier noch stärker als in Lübeck ins Bewußtsein dringende Vertikalorientierung des die Seitenschiffe weit überragenden Mittelschiffs.

Zwischen den mittleren Diensten der Blendnischen befindet sich jeweils eine spitzbogige Öffnung, durch die ein Triforium angedeutet wird. Die kräftigen Achteckpfeiler sind an den Kanten leicht profiliert –

ihre Kapitelle treten nur als Verstärkungen mit aufglasierten Kreuzen in Erscheinung. Der gesamte Innenraum ist (obwohl mehr als hundert Jahre nach der Lübecker Marienkirche entstanden) einheitlich kreuzrippengewölbt. Von der ehemals reichen Ausmalung haben sich Reste wie die St. Christophorus-Darstellung in der nördlichen Turmhalle erhalten.

Wolgast,
St. Petri
Seite 48
Die nach Stralsund und Greifswald größte Hafenstadt Vorpommerns besitzt eine nach den Maßstäben dieser Region verhältnismäßig kleine Basilika mit Umgangschor. St. Petri ist insofern interessant, als ihr Chorumgang in Mecklenburg-Vorpommern der einzige ist, der sich nicht in das von der Lübecker Marienkirche vorgegebene Schema fügt. Anstelle der sechseckigen Fusionsräume findet man in Wolgast einen aus abwechselnd drei- und viereckigen Jochen bestehenden Umgang, der den dreiseitig gebrochenen Binnenchor fünfseitig

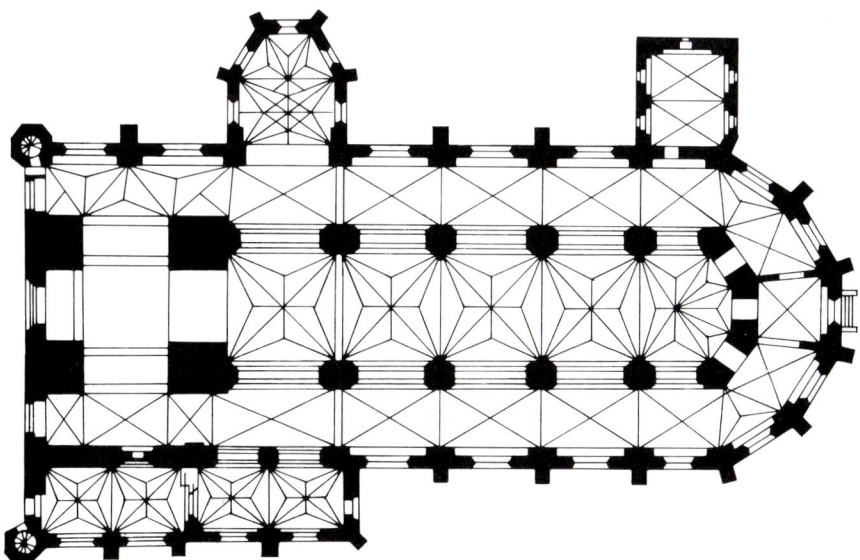

umschließt. Damit wurde hier erstmals das Konstruktionsprinzip der märkischen Hallenumgangschöre auf eine backsteingotische Basilika übertragen.

Das Äußere von St. Petri ist, wie bei der Mehrzahl der hanseatischen Stadtpfarrkirchen des 15. Jahrhunderts, in schlichten Formen gehalten. Während die Obergadenzone durch den Einzug des Strebewerks und den weitgehenden Verzicht auf äußere Pfeilervorlagen fast jeder Gliederung entbehrt, sind die Außenwände der Seitenschiffe durch gestufte Strebepfeiler segmentiert. Der wuchtige, nur mäßig mit einfachen Blenden geschmückte Turm ist durch die nach Westen verlängerten Seitenschiffe in den Bau eingezogen. Er kulminiert in einem erst 1920 aufgesetzten Notdach, das als Ersatz für die durch Blitzschlag zerstörte Barockhaube geschaffen wurde. Aus dem blockhaft wirkenden Bau ragen drei Seitenkapellen und die Sakristei heraus.

Das Mittelschiff und die Seitenkapellen sind mit schönen Sterngewölben ausgestattet. Die Höhenwirkung des Innenraums ist aufgrund seiner geringen Länge eindrucksvoller, als es die Gewölbehöhe von nur 21 Meter erwarten läßt. Während die Scheidarkatur, die wuchtigen Pfeiler und die Blendnischen kaum gegliedert sind, werden die Schildbögen von fein gearbeiteten Dienstbündelformen unterfangen. Der Blick in den Chorumgang wird durch die zwischen die Binnenchorpfeiler gesetzten, neugotischen Buntglasscheiben verstellt.

allenkirchen

Wenngleich man in Mecklenburg-Vorpommern eine für deutsche Verhältnisse ungewöhnliche Dichte von gotischen Basiliken findet, so überwiegen wiederum regional die Hallenkirchen in ihrer Anzahl. Die Halle war im Spätmittelalter die bevorzugte Kirchenbauform der Städte des Binnenlandes. Die erste Hallenkirche dieser Region, die Gadebuscher Stadtkirche, wird bereits in die zwanziger Jahre des 13. Jahrhunderts datiert. Wenig später folgten die Wittenburger Stadtkirche und die Parchimer Marienkirche. Mangels in Frage kommender hausteingotischer Vorbilder geht man deshalb davon aus, daß es sich um eine mecklenburgische Eigenentwicklung handelt. Analogien zu diesen überwiegend noch in spätromanischen Formen errichteten Bauten findet man sonst nur in den Krypten romanischer Basiliken (Jerichow, Brandenburg u. a.) oder etwa in der Eingangshalle des Ratzeburger Doms.

Die Pfarrkirchen des Binnenlandes besitzen in manchen Belangen mehr Originalität und Lokalkolorit als die monumentalen Basiliken der Küste. Frühzeitig begann man im Hallenkirchenbau mit der Entwicklung neuer Raum- und Dekorformen. Eines der auffälligsten und eigenwilligsten Merkmale der Hallenkirchen Mecklenburg-Vorpommerns ist der bei einem großen Teil der Bauten anzutreffende gerade oder chorlose Ostabschluß. An den Stirnseiten dieser schlichten Chöre entwickelten sich die monumentalen, reich geschmückten Prachtgiebel. Vorausgegangen waren die Kurzhallen des frühen 13. Jahrhunderts mit ihren aus dem Gesamtkorpus heraustretenden, meist ein- oder zweijochigen Rechteckchören. Der erste Bau, dessen drei Schiffe mit einer gemeinsamen Stirnwand abschließen, ist die um die Mitte des 13. Jahrhunderts begonnene Rostocker Nikolaikirche. Ihre Erbauer wußten ihre riesige, nachträglich durch einen Anbau verunklarte Giebelfläche noch nicht für eine wirkungsvolle dekorative Gestaltung zu nutzen und schmückten sie lediglich mit einer Reihe ungegliederter, höhengestaffelter Spitzbogenblenden. Die Greifswalder Marienkirche war die erste hochgotische Halle, die diesem Gestaltungsmodus folgte und wesentlichen Anteil an seiner Weiterentwicklung hatte. Ihr Ostgiebel ist durch schmale, mit freistehenden Maßwerkstäben gefüllte Strebepfeiler geteilt, die in gleichfalls durchbrochenen, das Dach überragenden Fialen kulminieren. Auch die zwischen ihnen befindlichen Blenden sind verhältnismäßig reich mit allerdings aufgemauertem Formziegelmaßwerk ausgeschmückt. Im Gegensatz zu der insgesamt noch verhalten konservativen Formensprache der Greifswalder Marienkirche ist die aufwendige Formziegelornamentik an der Schaufassade der Neubrandenburger Marienkirche dazu angetan, Aussagen bezüglich der angeblich gravierenden Beschränkungen unterliegenden Gestaltbarkeit des Backsteins eindrucksvoll zu widerlegen. Die Neubrandenburger Langhalle braucht nicht nur wegen ihrer unvergleichlich filigranen, aus freistehenden (nur mit Eisenstäben an der Rückwand befestigten) Wimperge, Rosetten, Fialen u. a. bestehenden Giebelfassade, sondern auch hinsichtlich ihrer sonstigen Maßwerkausstattung kaum einen Vergleich mit zeitgenössischen Hausteinprojekten zu scheuen. Die Prenzlauer Marienkirche (heute Land Brandenburg) stellt nochmals eine Steigerung dar. Ihre riesige, in feinste freistehende Maßwerkformen aufgelöste Giebelwand ist häufig mit dem Harfenmaßwerk der Straßburger Westfassade verglichen worden – sie ist tatsächlich (wie Hans-Josef Böker 1988 feststellte) eine detailnahe Übertragung des um 1300 gezeichneten und erst 580 Jahre später ausgeführten Mittelteils des Kölner Westfassadenplans, der dem Prenzlauer Baumeister mithin bekannt gewesen sein muß. Die Prenzlauer Marienkirche ist auch insofern ein interessanter Sonderfall, weil sich unter ihrer Schaufassade anstelle einer scheinbar gerade geschlossenen Chorwand ein durch die angeschrägten Fenster und die eingezogenen Strebepfeiler kaschierter triapsidialer Abschluß befindet. Neben dem geraden Ostabschluß findet man bei den Hallenkirchen Mecklenburg-Vorpommerns noch weitere Chorvarianten. Die am Beispiel der Prenzlauer Marienkirche beschriebene, ursprünglich dem Umkreis der Lüneburger Johanneskirche und der Lübecker Petrikirche zuzuordnende triapsidiale Form findet man, in unterschiedlicher Ausprägung, auch bei der Demminer Bartholomäuskirche, der Anklamer Nikolaikirche (Kriegsruine) und bei der in Rekonstruktion befindlichen Pasewalker Marienkirche. In Grimmen und Altentreptow entschied man sich für einen mit trapezförmigen Jochen ausgestatteten polygonalen Umgangschor. Bemerkenswert ist in dem Zusammenhang die Tatsache, daß die durch unterschiedliche Brechungszahlen von Binnenchor und Chorumgang gekennzeichnete brandenburgische Umgangschorvariante in Mecklenburg-Vorpommern bei keiner einzigen Halle Verwendung fand – alle Chöre schließen hier außen jeweils dreiseitig. Eine weitere, sowohl bei den Hallen als auch bei den Basiliken verwendete Chorform ist der vor allem bei den hanseatischen Bettelorden und auch bei einigen Stadtpfarrkirchen (Greifswalder Jakobikirche, Bergener Marienkirche) anzutreffende polygonale Saalchor. Als Besonderheit der Anklamer Marienkirche gilt das durch die angeschrägte Heranführung der Seitenschiffenden an das Mittelschiff erreichte äußere $5/_8$-Polygon bei gleichzeitig gerade abschließendem Innenraum.

Die Westfassaden der überwiegend dreischiffigen Stadtpfarrkirchen des Binnenlandes besitzen ausnahmslos jeweils nur einen Turm. Einige Bauten wie die Anklamer, die Friedländer und die Neubrandenburger Marienkirchen waren zwar ursprünglich doppeltürmig geplant – bei keinem von ihnen sind diese Projekte jedoch zur Ausführung gelangt. Die meisten der steilen Oktogonhelme gingen durch Unwetter verloren und sind durch einfachere Konstruktionen ersetzt worden.

Die im Laufe der Zeit auch bei den Hallenkirchen zunehmend komplizierteren Gewölbe werden weit seltener als die der Patrizierdome der Hafenstädte von ungegliederten Achteckpfeilern getragen. Zwar findet man diese zum Teil auch in prominenten Bauten, wie etwa in der Altentreptower Petrikirche oder der Parchimer Georgenkirche, doch sind bei der Mehrzahl der Hallenkirchen (wie etwa der Bützower Stiftskirche, der Greifswalder oder der Neubrandenburger Marienkirche) die Schiffe durch meist reich profilierte Dienstbündelpfeiler voneinander geschieden. Eine Gemeinsamkeit mit den Basiliken besteht in der vergleichsweise gedrungenen Erscheinung der meist relativ kurzen und mit überproportional hohen Satteldächern ausgestatteten Kirchenschiffe. Bei der Entwicklungsgeschichte der Hallenkirchen Mecklenburgs und Vorpommerns ist, anders als bei der der Basiliken, tendenziell eine kontinuierliche Weiterentwicklung von Form und Qualität der Maßwerkornamentik der Bauten zu erkennen.

Wenn gesagt werden konnte, daß die Basiliken des 13. und des späten 14. Jahrhunderts nicht so leicht zu unterscheiden seien, so trifft eine entsprechende Aussage über die Hallenkirchen kaum zu.

Eines der Phänomene der backsteingotischen Sakralarchitektur Mecklenburg-Vorpommerns besteht wohl darin, daß die reichen und weltoffenen Seestädte des »Wendischen Quartiers« beharrlich an den tradierten Konzeptionen der Basiliken des späten 13. Jahrhunderts festhielten und diese konservierten. Die ökonomisch und politisch weniger starken Binnenstädte hatten dagegen mit ihren Hallenkirchen im Austausch mit den anliegenden Regionen an der spätgotischen Formenentfaltung teil.

Friedland,
St. Marien.
Mittelschiff nach Osten

Friedland,
St. Marien.
Ansicht von Südosten

*Greifswald, St. Marien.
Innenraum nach Südosten*

*Grimmen,
St. Marien.
Ansicht von
Südosten*

Diese Kirche wurde seit der Mitte des 13. Jahrhunderts im wesentlichen in zwei Etappen errichtet. An die ursprünglich gerade geschlossene Kurzhalle wurde in der ersten Hälfte des 14. Jahrhunderts ein aufwendiger Umgangschor angefügt. Der etwas gedrungen wirkende Außenbau ist durch die zum Teil reich profilierten Fenstergewände, die gestuften Strebepfeiler, Kaffgesimse sowie einige Maßwerkfriese gegliedert. Die südliche Seitenkapelle wird von einem prächtigen neogotischen Schaugiebel gekrönt. Der blendengeschmückte, quadratische Turm kulminiert in einer hölzernen Barockhaube. Der mit dem Binnenchor gleichlaufende dreiseitige Chorumgang folgt weder dem Schema des »Lübischen Kapellenkranzes«, noch orientiert er sich an den spätgotischen märkischen Umgangschören.

Altentreptow, St. Petri Seite 66/67

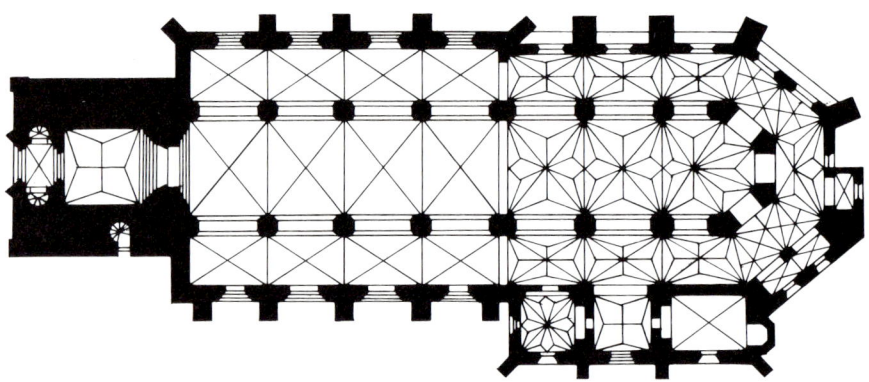

Im Innern lassen sich die beiden Bauetappen mühelos anhand ihrer unterschiedlichen Wölbung unterscheiden. Im Gegensatz zum kreuzrippengewölbten Langhaus ist der Umgangschor mit einem komplizierten Sterngewölbe ausgestattet – dem vielleicht schönsten seiner Art im Binnenland Mecklenburg-Vorpommerns. Die Schiffe sind durch überwiegend oktogonale Pfeiler mit vegetabilen Blattwerkkapitellen voneinander geschieden. Die prachtvolle Maßwerkkanzel entstammt – ebenso wie die Buntglasfenster des Chors – dem 19. Jahrhundert. Auf der West- und auf der Südseite des Baus befinden sich schöne Portale mit reich profilierten Gewänden und Archivolten.

Die dreischiffige Hallenkirche gliedert sich, durch ihre lange Bauzeit bedingt, in zwei Abschnitte: Einen nachträglich umgebauten frühgotischen Chor aus der zweiten Hälfte des 13. Jahrhunderts und ein sechsjochiges Langhaus aus dem späten 14. Jahrhundert.
Der ursprünglich flache, einschiffige Chor wurde im 14. Jahrhundert um ein Joch nach Osten verlängert und beiderseits von Seitenschiffen

Anklam, St. Marien Seite 68

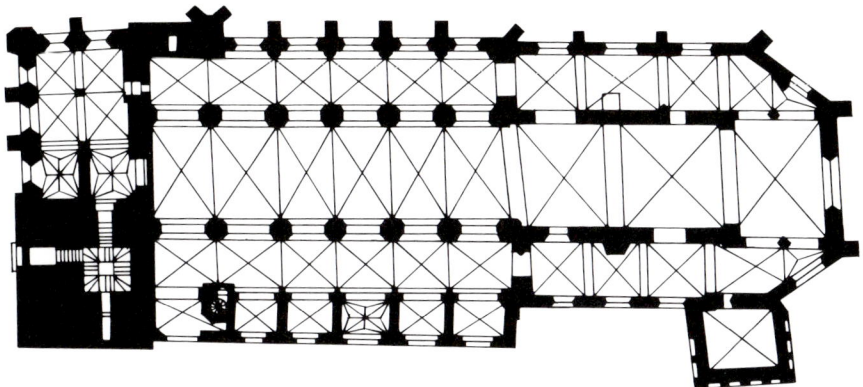

umschlossen. Durch die Anschrägung der östlichen Seitenschiffendigungen wird nach außen (ähnlich wie bei der Greifswalder Nikolaikirche) der Anschein eines Polygonalchors erweckt. Das südliche Langhaus ist (vermutlich seit Beginn des 16. Jahrhunderts) um eine zwischen die Strebepfeiler gesetzte Kapellenreihe erweitert worden. Von den beiden geplanten Türmen ist nur der südlichste (um 1450) zur Ausführung gelangt, an der Stelle des projektierten Nordturms befindet sich die Marienkapelle. Die Sockelmauern des hoch aufragenden Turmes sind mit einem Querschnitt von zum Teil mehr als 6 Metern die stärksten im Backsteingebiet.

Bützow,
ehemalige Stiftskirche
St. Maria,
St. Johannes und
St. Elisabeth
Seite 69

Der Bau ist im wesentlichen in drei Etappen zu seinem heutigen Erscheinungsbild geführt worden. Die Kirche des 1248 durch den Schweriner Bischof gegründeten Kollegiatsstifts wurde um die Mitte des 13. Jahrhunderts zunächst als Basilika im gebundenen System begonnen. In den beiden östlichen Jochen ist dies noch an den etwa auf halber Höhe der heutigen Arkatur verbliebenen ehemali-

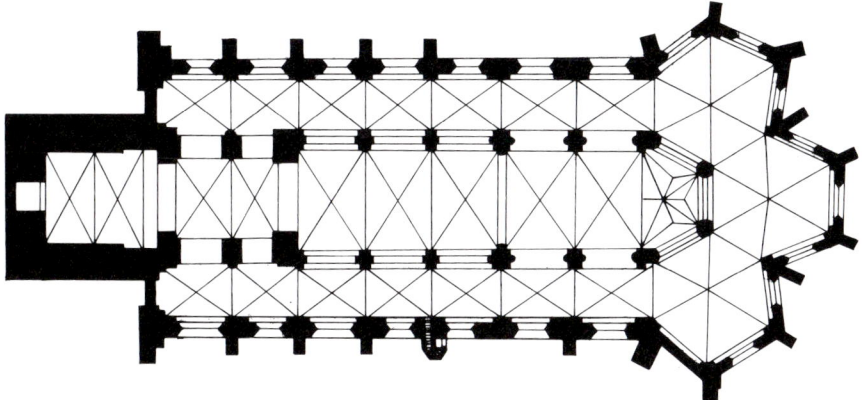

gen Kämpferkapitellen zu erkennen. Von den ehemaligen Obergaden-
wänden haben sich im Dachstuhl der Kirche noch Reste erhalten. Zu
Beginn des 14. Jahrhunderts, noch vor der Vollendung der Basilika,
wurde der ursprüngliche Plan zugunsten einer »chorlosen« Halle auf-
gegeben.In dieser Phase entstand auch der wuchtige Westturm mit
seinem steilen, die Silhouette der Stadt dominierenden Oktogonhelm –
einem der wenigen, die sich in Mecklenburg-Vorpommern bis in unsere Tage erhalten haben. Ihren krönenden Abschluß fanden die Bauarbeiten in der 2. Hälfte des 14. Jahrhunderts mit der Anfügung des dem
lübischen Vorbild folgenden Umgangschores. Auf der Nordseite des
vergleichsweise schmucklosen Außenbaus befindet sich ein aufwendi-
ges Portal mit Kapitellen in vegetabilen Formen. Die einspringenden
Winkel zwischen den Chorkapellen sind wie bei den hanseatischen
Basiliken vom Chordach überbrückt.

Der mit Ausnahme des Binnenchors kreuzrippengewölbte sieben-
jochige Innenraum ist durch reichgegliederte Bündelpfeiler geteilt. An
den Kapitellen befinden sich realistische figürliche Darstellungen.

Die zwischen 1330 und 1340 begonnene Marienkirche steht auf den
Fundamenten einer um 1250 errichteten Vorgängerkirche. In ihrem
Grundriß kopiert sie die Langhalle der Neubrandenburger Marienkirche. Sie ist in drei Bauphasen entstanden. Der älteste (und schlichteste) Teil wurde nach 1350 um fünf Joche nach Westen und nach 1400
um zwei Joche nach Osten erweitert. Der vor 1340 entstandene Urbau
läßt sich im Innern unschwer anhand der hier, anders als im restlichen
Langhaus, nicht profilierten Oktogonpfeiler von den übrigen Teilen
unterscheiden. Das Bestreben, die Neubrandenburger Marienkirche zu
imitieren, kommt nicht nur in der langgestreckten, chorlosen Grundform, sondern auch in der projektierten (allerdings auch hier nicht zur

Friedland,
St. Marien
Seite 70/71

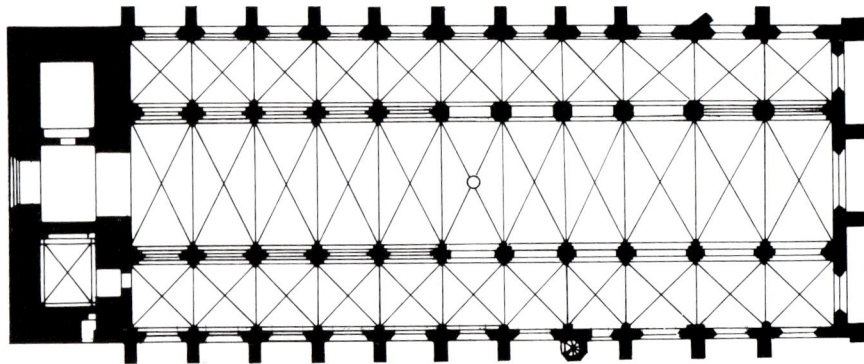

Vollendung gelangten) Doppelturmfront zum Ausdruck. In den Detailformen ist die Friedländer Marienkirche gegenüber ihrem Vorbildbau stark reduziert – so besitzen ihre Pfeiler keine Kapitelle, und die Fenster enthalten anstelle der kunstvollen Neubrandenburger Maßwerkformen nur die verbreitete Stabwerksegmentierung.

Der elegante, von einem steilen Helm bekrönte Turmaufbau stammt ebenso wie der mit Formziegelfriesen geschmückte Ostgiebel aus dem letzten Viertel des 19. Jahrhunderts.

Greifswald,
St. Marien
Seite 72/73

Die 1280 begonnene fünfjochige, dreischiffige Marienkirche war nach der Rostocker Nikolaikirche die zweite »chorlose« Hallenkirche in Mecklenburg und Vorpommern. Im Gegensatz zu dem etwa 30 Jahre älteren Rostocker Bau ist die mächtige Giebelwand über den drei Ostfenstern für die Entstehungszeit verhältnismäßig reich mit Formziegelornamentik ausgestattet: Blenden mit aufgemauerter Maßwerkfüllung, durchbrochenen Strebepfeilern und zierlichen Fialen.

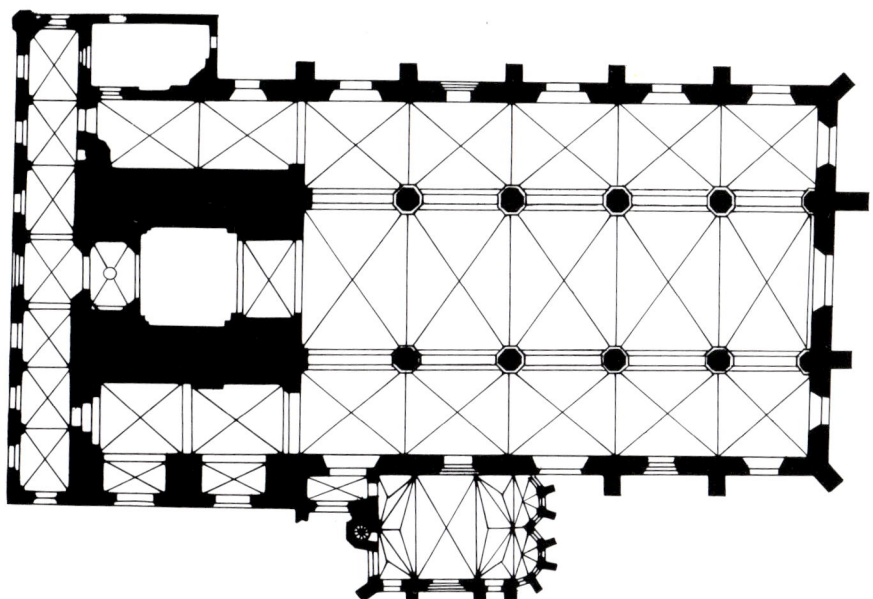

Der Außenbau der Greifswalder Marienkirche wirkt, im Vergleich mit späteren gerade geschlossenen Hallen wie den Marienkirchen von Friedland oder Neubrandenburg, eher massig denn elegant. Auch der wuchtige, in den Bau eingezogene Turm ist mit Schmuckblenden verziert. Der achteckige Turmhelm wurde im 17. Jahrhundert durch ein Pyramidendach mit vier flankierenden Gauben ersetzt.

Zu Beginn des 15. Jahrhunderts erfolgte auf der Südseite der Kirche der Anbau der unter dem Einfluß der Formensprache Hinrich Brunsbergs stehenden (möglicherweise von ihm selbst beaufsichtigten) Annenkapelle. Dieser aus der Gesamtanlage herausragende Vorbau ist im Inneren sterngewölbt und außen durch die plastisch gestalteten Strebepfeiler dekorativ verziert.

Im Innenraum der Kirche wird ein auf den Gewölbekappen weiß verputztes und an den Rippen-, Arkaden und Gurtbögen farblich abgesetztes Kreuzrippengewölbe von rot verputzten Bündelpfeilern getragen. Interessant ist in diesem Zusammenhang die Tatsache, daß sich die hier wie üblich von Osten nach Westen vollziehende Errichtung des Baus nicht, wie bei den Basiliken, in einer Vergröberung der Pfeileroberflächen niedergeschlagen hat, sondern daß man im Gegenteil sogar eine von Pfeilerpaar zu Pfeilerpaar fortschreitende Verfeinerung der Dienstbündelformen feststellen kann. Die Bauarbeiten an der Marienkirche waren erst um die Mitte des 15. Jahrhunderts mit der Einwölbung der schmalen Eingangshalle zu Füßen des Westturms abgeschlossen.

Die Pfarrkirche ist ein fünfjochiger, dreischiffiger Hallenbau mit umgangslosem Polygonalchor. Von einer nach 1280 errichteten Vorgängerkirche sind nur Teile der Umfassungsmauern in den in der ersten Hälfte des 15. Jahrhunderts begonnenen Neubau übernommen worden. Der im Vergleich mit anderen spätgotischen Hallen relativ schmale und elegant wirkende Außenbau ist durch die gestuften Strebepfeiler und ein Gesims gegliedert. Der nicht in den Bau eingezogene wuchtige Westturm ist ebenso wie die den Chor überragende Giebelwand mit Spitzbogenblenden ausgefüllt. Auf allen Seiten der Kirche befinden sich schöne, sehr fein profilierte Portalwände. Das Pyramidendach des Turmes von 1965 ersetzt die spätmittelalterlichen Obergeschosse, die durch einen Brand im Jahre 1954 vernichtet wurden.

Greifswald,
St. Jakobi
Seite 74

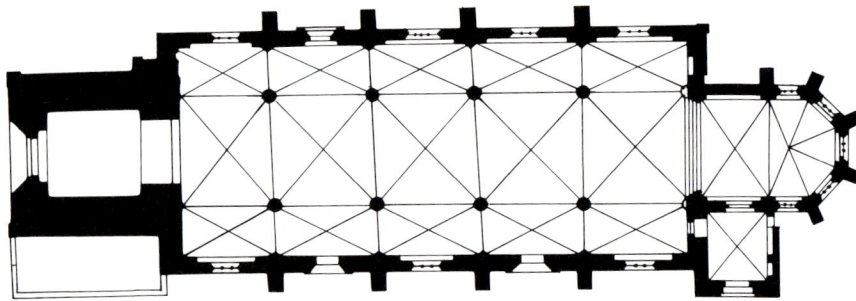

Der kreuzrippengewölbte Innenraum wurde nach seiner Verwüstung durch die Napoleonischen Belagerungstruppen 1842 in schlichtem neugotischem Stil erneuert. Die Greifswalder Jakobikirche ist einer der ganz wenigen Sakralbauten in Mecklenburg-Vorpommern, dessen Gewölbe auf Rundpfeilern ruht.

Grimmen,
St. Marien
Seite 75/76

Die Marienkirche ist in mehreren Etappen zu ihrer heutigen Hallenform geführt worden. Der aus der zweiten Hälfte des 13. Jahrhunderts stammende fünfjochige Kernbau (möglicherweise eine »chorlose« Halle) erhielt vermutlich im 14. Jahrhundert seinen wuchtigen quadratischen Turm und wurde im 15. Jahrhundert durch einen Umgangschor erweitert. Der Chorumgang schließt ebenso wie der Binnenchor dreiseitig und folgt nicht dem Vorbild der Lübecker Marienkirche. Der Turm ist reich mit Blenden geschmückt. Dagegen wirkt der Außenbau mit den einfach gestuften Strebepfeilern und dem Gesims am Kirchenschiff relativ schlicht. Die einfachen Stabwerkfenster sind ebenso wie das Westportal jeweils mit einem dreifach gestuften Gewände eingefaßt. Auf dem niedrigen Bau ruht ein hohes Satteldach.

Ein einheitliches Kreuzrippengewölbe wird im Langhaus von ungegliederten Oktogonpfeilern mit sehr schlichten Kapitellen getragen. Die spätgotischen Chorpfeiler sind durch aufgemauerte Dienste und plastische Kapitelle reicher gestaltet.

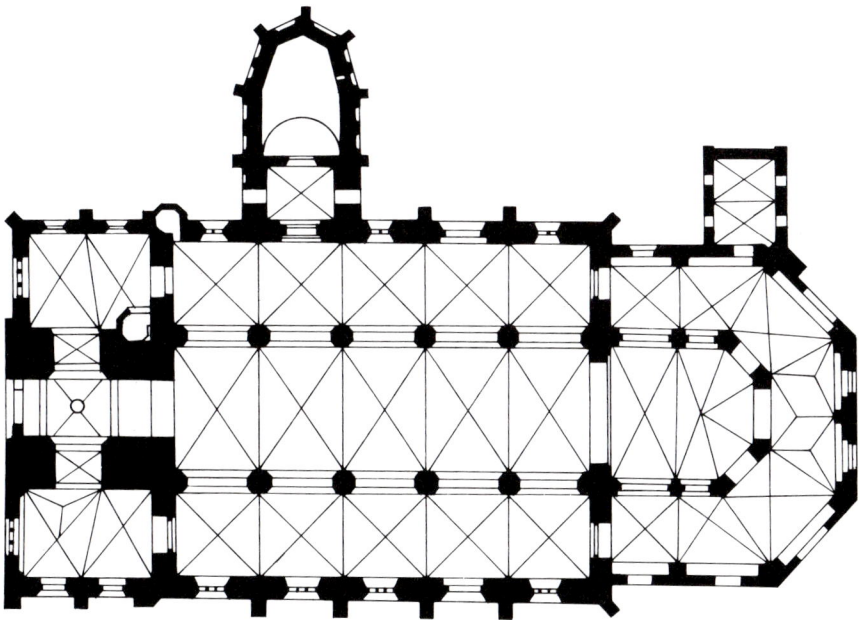

Die Stadtpfarrkirche hat bis in das 19. Jahrhundert hinein mehrfach tiefgreifende Umgestaltungen erfahren müssen. Der Vorgängerbau der heutigen gerade geschlossenen Kurzhalle war eine 1308 erstmals erwähnte Basilika, über deren Erscheinungsform nichts Genaues überliefert ist. Nachdem diese 1503 vollständig ausbrannte, wurde innerhalb von fünf Jahren eine zunächst dreischiffige Halle errichtet, die man bereits 1508 zu einer vermutlich sehr heterogenen fünfschiffigen Anlage erweiterte.

Güstrow,
St. Marien
Seite 77/78

Im 19. Jahrhundert wurden diese Hinzufügungen im Rahmen einer umfassenden historisierenden Umgestaltung wieder beseitigt. Die Frage, ob und in welchem Maße das dabei gesteckte Ziel, sich der ursprünglich geplanten Hallenform von 1503 anzunähern, erreicht wurde, ist bis heute umstritten. Im Verlauf dieser Bauarbeiten entstanden die drei Satteldächer sowie die Blendengiebel an der Nordseite des Baus. Das Fenstermaßwerk ist ebenfalls fast vollständig neugotisch.

Den Innenraum der vierjochigen Halle prägt das bemerkenswerte, sich über die gesamte Fläche erstreckende Sterngewölbe, das von schlanken, aber wenig gegliederten Oktogonpfeilern getragen wird. Anders als etwa im hanseatischen Lübeck war die Stadtpfarrkirche in Güstrow das ganze Mittelalter hindurch dem spätromanischen Dom nachgeordnet.

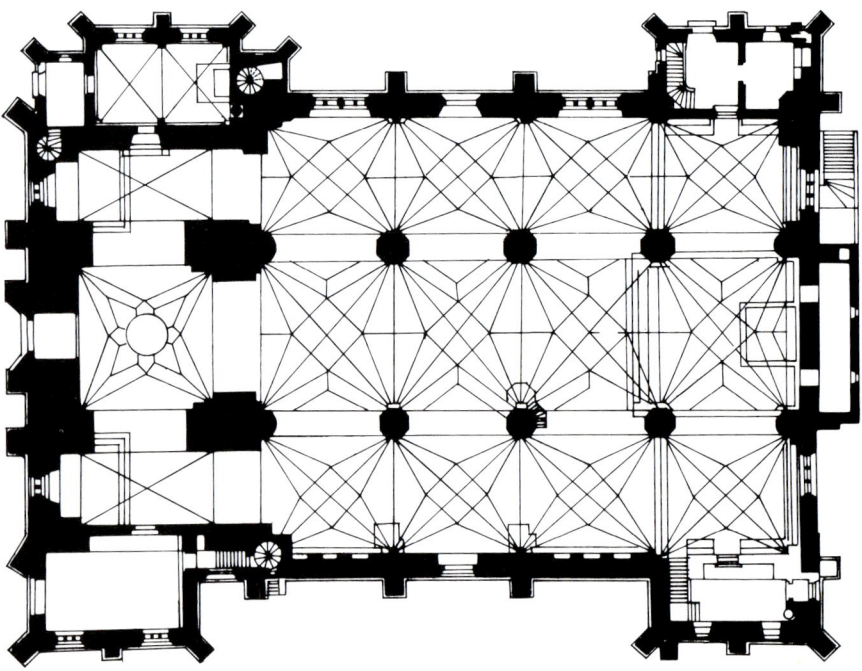

Neubrandenburg,
St. Marien
Seite 20

Die Marienkirche ist künstlerisch zweifellos die bedeutendste Hallenkirche in Mecklenburg-Vorpommern. Als »chorlose« Langhalle mit repräsentativer Ostfassade vereinigt sie in sich gleich mehrere Besonderheiten der Sakralarchitektur des norddeutschen Binnenlandes.

Ihre älteste urkundliche Erwähnung stammt aus dem Jahre 1298, als die vier östlichen Joche geweiht wurden – vollendet wurde sie um die Mitte des 14. Jahrhunderts. Sie zählt zu den am reichsten mit ornamentalem Schmuck ausgestatteten Kirchen im norddeutschen Backsteingebiet. Ihr grandioses Schaustück, die Giebelwand über den Fenstern der gerade geschlossenen Ostwand, ist ein vollständig in freistehende Maßwerkformen aufgelöstes Gebilde. Wie die Ostfassade der Greifswalder Marienkirche wird auch sie durch fünf durchbrochene Strebepfeiler, die hier in wesentlich aufwendigere Fialen münden, in vier Vertikalsegmente geteilt. Die darin teilweise überlappend angebrachten, von krabbenbesetzten Wimpergen bekrönten Blenden sind mit freistehenden, durch Eisenklammern mit der Giebelwand verbundenen Stäben und Rosetten verschiedener Größe ausgefüllt. Auch die Fenster der Neubrandenburger Marienkirche besitzen anstelle der üblichen backsteingotischen Stabwerklanzen ein kunstvolles, eindeutig an hausteingotischen Vorbildern orientiertes Maßwerk. Die ursprünglich als Basis einer Doppelturmfassade geplanten Sockelgeschosse der Westfront bestehen zu einem großen Teil aus Feldsteinen. Das obere Geschoß und der gotische Turmhelm stürzten 1676 beim großen Neubrandenburger Stadtbrand in das Langhaus der Kirche und zerstörten dabei einen nicht unbeträchtlichen Teil desselben. Die fehlenden Turmpartien wurden 1832 bis 1841 von F. W. Buttel durch ein die Maßwerkformen des Ostgiebels zierendes Oktogon und einen steilen Turmhelm ersetzt. Die schlichteren Seitenschiffassaden sind nur durch ein Kaffgesims und die groben Strebepfeiler gegliedert und besitzen als einziges Maßwerkelement einen umlaufenden Formziegelfries.

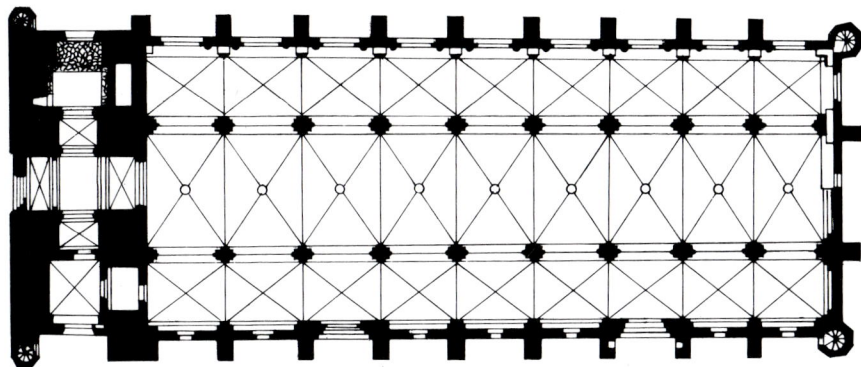

Auch der Innenraum war mit seinen vergleichsweise komplizierten Dienstbündelpfeilern und dem den gesamten Bau durchziehenden Laufgang überdurchschnittlich reich ausgestattet.

Die Neubrandenburger Marienkirche befindet sich, nachdem sie im 2. Weltkrieg bis auf die Umfassungsmauern zerstört wurde, seit etlichen Jahren im Wiederaufbau und soll nach ihrer Fertigstellung als Konzert- und Ausstellungssaal genutzt werden.

Die zweischiffige, sechsjochige Hallenkirche des Johannes-Klosters entstammt der ersten Hälfte des 14. Jahrhunderts. Der kreuzrippengewölbte Bau hat im 19. Jahrhundert einschneidende Veränderungen erfahren. Sein ursprünglich polygonaler Chor wurde durch einen gerade geschlossenen, vom Langhaus durch eine Zwischenwand teilweise abgetrennten Chorraum ersetzt. Die Westfassade erhielt einen durch die Kirche im märkischen Chorin inspirierten Ziergiebel.

Das breitere südliche Kirchenschiff ist gegenüber dem nördlichen deutlich überhöht. Die dadurch über der Scheidarkatur entstandenen Wandflächen hat man durch Blindfenster aufgelockert. Der westliche Teil des Langhauses wurde in den siebziger Jahren durch eine »funktionelle« verglaste Empore entstellt.

Neubrandenburg, ehemalige Franziskaner-Klosterkirche St. Johannes Seite 79/80

Die Georgenkirche ist, nachdem ein Brand 1289 die romanische Vorgängerbasilika zerstört hatte, als vierjochige (möglicherweise gerade geschlossene) Kurzhalle neu errichtet worden. Vermutlich nach 1450

Parchim, St. Georgen Seite 81

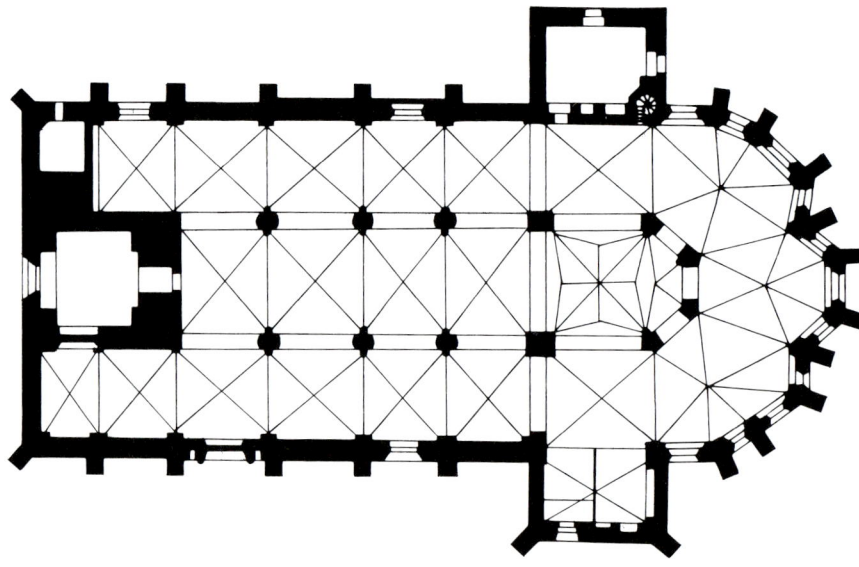

erhielt sie ihren schlichten, eingezogenen Turm, den Umgangschor und die rechteckigen (auf der Südseite mit einem kunstvoll verblendeten Schaugiebel ausgestatteten) Anbauten. Der ansonsten sehr schlichte Außenbau ist unterhalb seines weit in die Höhe gestreckten Daches nur durch die zweistufigen Strebepfeiler sowie ein umlaufendes Kaffgesims gegliedert. Die Chorumgangsjoche sind, wie bei den großen Basiliken der Küstenstädte, mit den Chorkapellen zu überwiegend sechseckigen Raumzellen umgebildet.

Der Innenraum ist von harmonischer Wirkung. Das klassische Kreuzrippengewölbe wird von ungegliederten, im Querschnitt meist achteckigen Pfeilern getragen. Die Scheidarkaden des Langhauses sind im Gegensatz zu denen des Chores kunstvoll profiliert. Über dem Binnenchor befindet sich ein Sterngewölbe.

OSTSEE

SCHLESWIG-
HOLSTEIN

Lübeck

Ratzeburg

Wismar

Doberan

Rostock

Bützow

Schwerin

Güstrow

Malchin

Stralsund

Grimmen

Greifswald

Altentreptow

Neubrandenburg

Parchim

B

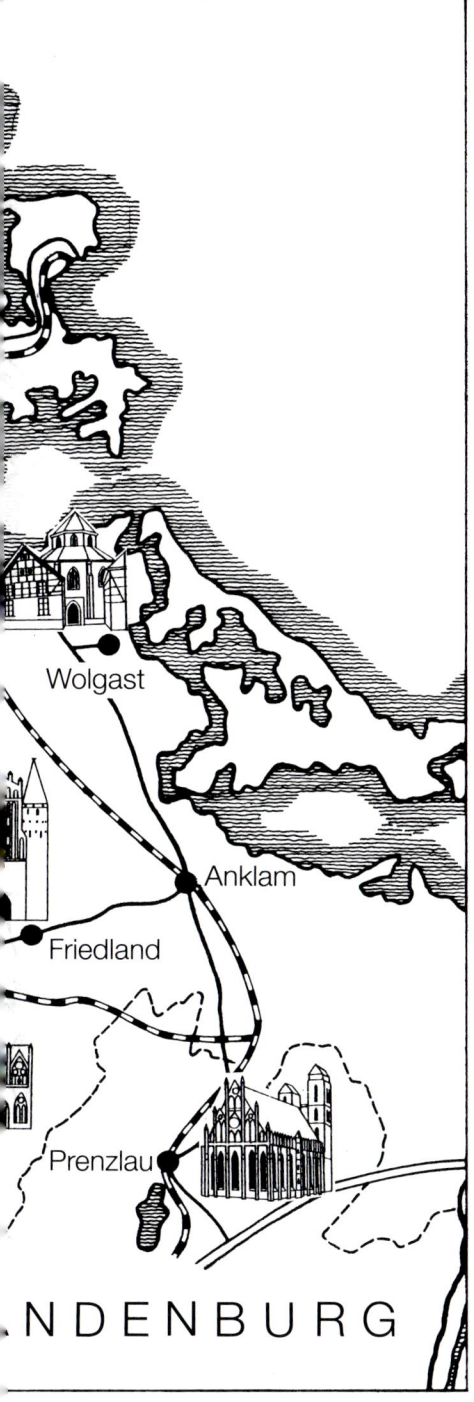

Wolgast

Anklam

Friedland

Prenzlau

NDENBURG

Übersichtskarte
von Mecklenburg-Vorpommern

Literaturhinweise

Architekturführer DDR: Bezirk Rostock. Bezirk Schwerin. Neubrandeburg. Berlin 1978/84/91

Baier, Gerd: Deutsche Kunstdenkmäler, Mecklenburg. Leipzig 1970

Die Bau- und Kunstdenkmale in der DDR, Mecklenburgische Küstenregion, Hrsg. vom Institut für Denkmalpflege. Berlin 1990

Die Bau- und Kunstdenkmale in der DDR, Bezirk Neubrandenburg Hrsg. vom Institut für Denkmalpflege. Berlin 1982

Böker, Hans: Die mittelalterliche Backsteinarchitektur Norddeutschlands. Darmstadt 1988

Bock, Sabine: Mecklenburg-Vorpommerns Kirchen in Städten. Bremen 1992

Burmeister, Werner, Mecklenburg. Berlin 1926

Burmeister, Werner: Norddeutsche Backsteingotik. Berlin 1930

Clasen, Karl-Heinz: Die Baukunst an der Ostseeküste zwischen Elbe und Oder. Dresden 1955

Ende, Horst, Die Stadtkirchen in Mecklenburg. Berlin 1986

Ende, Horst, Dorfkirchen in Mecklenburg. Berlin 1978

Fischer, Berndt: Hanse-Städte. Köln 1981

Handbuch der deutschen Kunstdenkmäler. Die Bezirke Neubrandeburg, Rostock, Schwerin. Berlin 1980

Müller, Hans: Dome, Klöster. Leipzig 1984

Pfefferkorn, Rudolf: Norddeutsche Backsteingotik. Hamburg 1984

Schildhauer, J., Fritze, K. und Stark, W.: Die Hanse. Berlin 1977

Schmalz, Karl: Die Kirchenbauten Mecklenburgs. Schwerin 1927

Windoffer, Ulrike: Backsteinbauten zwischen Lübeck und Stralsund. Berlin 1990

Zaske, Nikolaus: Gotische Backsteinkirchen Norddeutschlands. Leipzig 1970

Glossar

Apsis   halbkreisförmiger oder eckiger gewölbter Raum als Abschluß des Chorraumes

Archivolte   der Teil der Portalfassung, der die Gliederung des Gewändes im Bogenlauf fortsetzt

Arkade, Arkatur   auf Pfeilern oder Säulen ruhende Abfolge von Bögen, welche die Kirchenschiffe voneinander scheidet (Scheidarkatur)

Backstein, Ziegel   seit der Antike Baumaterial; Mischung aus Lehm und Ton, getrocknet, durch Brennen bei 1100 °C gehärtet und wetterfest gemacht; Farbvarianten von ockergelb bis dunkelbraun in erster Linie abhängig vom natürlichen Eisenoxidanteil

Basilika   Kirchenbau mit gegenüber den Seitenschiffen erhöhtem Mittelschiff (abgeleitet von der römischen Markthalle gleichen Namens)

Binnenchor   Mittelschiffendung bei Umgangschören (vom Chorumgang umschlossen)

Blenden   durch die Mauerstruktur oder die Art des Materials hervorgehobener Mauerkörper (Blendbogen, Blendarkade)

Blendnische   unterhalb der Obergadenfenster in die Wand eingelassene Vertiefung mit aufgemauerten Diensten

Chor   der das Kirchenschiff im Osten abschließende Bauteil. Beherbergt den Hochaltar und das Gestühl für den Chor der Geistlichen – endigt mit der Apsis. Ursprünglich der für den Chorgesang bestimmte Raum im Osten der Kirche, von Lang- oder Querhaus durch Lettner, Chorschranke oder Chorgitter abgeteilt, durch die Apsis abgeschlossen

Chorrandkapellen   radial am Chorumgang anliegende Apsiden

Chorscheitelkapelle   apsidaler Abschluß am Chorhaupt- bzw. Chorumgang

Chorumgang   durch Weiterführung der Seitenschiffe entstehender umlaufender Gang um den Chor

Chorumgangsjoch   Raumeinheit des Chorumgangs (Joch)

Chorpolygon   mehrseitiger (polygonaler) Abschluß des Chores

Dachreiter   schlankes Türmchen auf dem First des Hauptdaches vor allem von Kirchen

Dienst   langes dünnes Säulchen als Bestandteil eines Bündelpfeilers oder Wandpfeilers zur Stütze von Gurten und Rippen eines Kreuzrippengewölbes

Fiale   schlankes Türmchen als Bekrönung von Strebepfeilern oder seitliche Begrenzung von Wimpergen

Formziegel   geformter Backstein zur Verwendung für Gesimse, Kapitelle, Friese, Portalrahmungen u. a.

Fries   waagerechter glatter, figurierter oder ornamentierter Streifen am oberen Rand von Wandflächen

Gauben   Dachfenster mit eigenem Dach

gebundenes System   Prinzip der Grundrißgestaltung romanischer Kirchen mit dem Vierungsquadrat als Maßeinheit für die Raumaufteilung. Ein quadratisches Mittelschiffjoch wird jeweils von zwei halblangen Seitenschiffjochen flankiert

Gesims auskragendes horizontales Bauelement zur Gliederung einer Außenwand; Gesimsformen

Gewände schräger Mauereinschnitt bei Fenstern und Portalen, in der Gotik meist profiliert

Gewölbe krummflächiger oberer Abschluß eines Raumes; Gewölbeformen

Gewölbekappe zugemauerte Fläche zwischen Rippen und Gurtbögen, eines der vier Teilstücke eines Kreuzgewölbes

Giebel, Giebelwand Abschlußwand an der Schmalseite eines Satteldaches, auch Bekrönung eines Fensters o. ä.

Gurtbogen Verstärkungsbogen quer zur Längsachse des Kirchenschiffes – trennt die Joche voneinander

Hallenkirche mehrschiffiger Kirchenbau mit gleichhohem Mittelschiff und Seitenschiffen

Haustein an allen Seiten behauener Naturstein

Harfenmaßwerk in schmale, harfensaitenähnliche Stäbe aufgelöstes Maßwerk (Straßburger Münster)

Joch Gewölbefeld eines Bauwerkes, von vier Stützen begrenzt

Kämpfer oberste vorspringende Platte eines Pfeilers oder einer Säule als Auflage für Bogen und Gewölbe

Kapelle Bet- oder Andachtsraum

Kaffgesims Gesims auf der Ebene der Fenstersockel, diese meist miteinander verbindend

Kapellenkranz Chorumgang mit radial angelegten halbrunden Chorkapellen, die sich als Altarräume nach dem Umgang öffnen

Kapitell oberster plastisch ausladender Teil einer Säule, eines Pfeilers, eines Pilasters mit dem darüberliegenden Kämpfer; Verbindungsstück zwischen Stütze und Last

Krabbe, Kriechblume blattornamentales Zierelement auf den Kanten von Giebeln, Turmhelmen und anderen Teilen

Kreuzblume kreuzförmig auslaufendes, aus Blattwerkornamenten gebildete Spitze an Türmen, Giebeln, Fialen usw.

Langhaus Teil der Kirche zwischen Fassade und Querhaus bzw. Chor

Lettner meist reich gestaltete durchgängige Scheidewand zwischen Chor und Langhaus

Lisene senkrechter, flacher Mauerstreifen zur Gliederung der Fassade

»Lübischer Kapellenkranz« in Norddeutschland erstmals bei der Lübecker Marienkirche verwendete Form des Chorumgangs, bei der ein $5/_8$-Binnenchor von einem aus sechseckigen Jochen bestehenden Chorumgang umfangen wird

Maßwerk aus geometrischen Formen aufgebautes Bauornament; ursprünglich nur für die Gestaltung des Fensterzwickels, später als Blendmaßwerk zur Giebeldekoration, als durchbrochenes Maßwerk zur Füllung von Brüstungen oder Wimpergen; wichtigste Formen: Paß, Fischblase

Obergaden, Lichtgaden über die Seitenschiffe herausragender Teil des Mittelschiffes in einer Basilika, in dem die Hochschiffenster liegen

Pilaster Wandpfeiler mit Kapitell (Gewölbeschub) zur Aufnahme und Ableitung von Lasten

polygonal vieleckig

Querhaus quer zum Langhaus verlaufender Bauteil in Kirchenbauten

Saalkirche einschiffiger Kirchenbau

Scheidarkatur Bogenarkade, die im Kircheninnern die Schiffe voneinander trennt

Schildbogen Bogen, der sich an der Durchdringungsstelle eines Gewölbes und einer Mauer ergibt; meist zugleich auch oberste Fensterbegrenzung

Stabwerk schlanke senkrechte Stäbe zur Unterteilung von Fenstern und Maßwerkpartien

Strebewerk Konstruktionssystem zur Ableitung der Gewölbeschübe an die Fundamente am Außenbau von Basiliken

Stützenwechsel Wechsel von Säule und Pfeiler im Mittelschiff der romanischen Basilika zur rhythmischen Belebung des Langhauses

Triforium Laufgang zwischen Arkaden und Fensterzone einer Basilika

Umgangschor Chor mit Chorumgang, dem die Seitenschiffe von dem Chorhaupt geführt sind

vegetabilisch pflanzliche Form imitierend

Vierung Raumteil einer Kirche, das bei Durchdringung von Quer- und Langhaus entsteht; bei gleicher Breite von Quer- und Langhaus entsteht das Vierungsquadrat; Betonung durch Vierungspfeiler, Vierungsbogen und außen durch den Vierungsturm

Vorlage Gliederung einer Mauer oder eines Pfeilers durch einen Pilaster durch Dienste, Halbsäulen, Lisenen u. a.

Wimperg gotischer Ziergiebel über Portalen und Fenstern, mit Blendmaßwerk gefüllt, gerahmt von Fialen, Krabben und Kreuzblumen

Ortsregister